国家出版基金项目
NATIONAL PUBLICATION FOUNDATION

国家出版基金资助项目

国家“十三五”重点出版物出版规划项目

农地制度改革与流转研究丛书

丛书主编 洪名勇

农地流转、规模经营与山地高效农业研究

洪名勇◎等著

中国财经出版传媒集团
中国财政经济出版社

图书在版编目（CIP）数据

农地流转、规模经营与山地高效农业研究／洪名勇等著．—北京：中国财政经济出版社，2019.12

（农地制度改革与流转研究／洪名勇主编）

国家出版基金资助项目 “十三五”国家重点出版物出版规划项目

ISBN 978-7-5095-8846-8

Ⅰ.①农… Ⅱ.①洪… Ⅲ.①农业用地-土地流转-研究-中国②农业用地-规模化经营-研究-中国③山地-农业技术-研究-中国 Ⅳ.①F321.1②F324.1

中国版本图书馆CIP数据核字（2019）第038331号

责任编辑：段 钢 责任印制：刘春年

封面设计：孙俪铭 责任校对：徐艳丽

中国财政经济出版社 出版

URL：http：//www.cfeph.cn

E-mail：cfeph@cfeph.cn

社址：北京市海淀区阜成路甲28号 邮政编码：100142

营销中心电话：010-88191522

天猫网店：中国财政经济出版社旗舰店

网址：https：//zgczjjcbs.tmall.com

北京财经印刷厂印刷 各地新华书店经销

成品尺寸：170mm×240mm 16开 11印张 192 000字

2019年12月第1版 2019年12月北京第1次印刷

定价：68.00元

ISBN 978-7-5095-8846-8

（图书出现印装问题，本社负责调换，电话：010-88190548）

本社质量投诉电话：010-88190744

打击盗版举报热线：010-88191661 QQ：2242791300

国家出版基金资助项目
“十三五”国家重点出版物出版规划项目
农地制度改革与流转研究丛书
全国文化名家暨“四个一批”人才资助项目
省社科基金资助项目（18GZLH01）
贵州大学创新团队资助项目（GDT2017001）
贵州省软科学资助项目

序

土地是财富之母、发展之基、民生之本，关系国计民生。土地问题不仅是关系我国现代化进程中的重大经济问题，而且也是一个社会问题、政治问题，关系到国家的兴衰成败。对于农业发展、农村发展和农民增收而言，土地不仅是财富的重要源泉，而且还为人们提供了生活、生产及行为活动的空间。从财富生产的视角来看，土地要素发挥作用的大小，不仅取决于土地禀赋的具体情况，而且还取决于土地要素与其他生产要素的配置效果与配置效率。而这种配置效果、配置效率的高低与土地制度安排密切相关，因为土地制度安排激励有关行为主体土地配置要素的投入，不同要素的投入将影响土地资源的产出结果与效率。正因为如此，对于农业发展、农村发展和农民增收来讲，土地制度是最为根本的制度安排。就中国土地制度对发展的影响而言，不同土地制度安排的绩效是不一样的。

新中国成立之初，由于封建土地制度的废除和农民土地产权制度的建立，农民将自己的资源及劳动力时间配置到生产活动之中，短期内使单位土地资源的产出大幅度增加，实现了中国农业快速增长。农民土地入股自愿、退社自由的制度安排，不仅给农民充分的资源配置权，而且农民还拥有用手投票权和用脚投票权，这给合作社经营主体足够的经营压力，使其在竞争中将更多的时间、精力投入到经营之中。结果，土地合作社超越了土地农民产权制度安排，推进了中国农业持续发展。在人民公社土地产权制度安排下，人民公社负责人的前途与经营无关，公社负责人完全没有经营、管理好公社的动力和压力。在人民公社土地产权制度安排下，中国农业生产停滞不前，不少地区农村面临生存危机。为了使生活于村庄之内的村民能够生存，安徽凤阳县小岗村的18位农民才会在知道自己面临非常严重的政治惩罚时，仍然以“托孤”的方式，冒险在土地承包责任书上按下鲜红手印，实行包产到户。正是这一“包”推进了农地产权制度创新，不仅赋予农民耕地要素、劳动时间、品种选择等进行灵活配置的权利以及对生产过程的控制权，而且还赋予农民生产剩余的财产索取权。这一制度安排激发了农民生产积极性，提高了土地资源配置的效率，解决了中国农民的吃饭问题，促进了农业生产发展和农村经济繁荣。

对于学习和研究经济学的人来讲，我们都知道，在一定条件下，土地、资本和劳动力投入都会呈现出边际报酬递增递减规律。与土地要素投入一样，如果其他条件不变，某一制度安排也有边际报酬递增递减规律。不可否认，以土地产权制度为核心的承包制在解决农民吃饭问题、减少贫困及促进农业农村发展中起了巨大作用。随着市场环境的变化和人们认知心理及观念等的变化，农地家庭承包制的边际报酬也由递增走向递减。因此，从20世纪80年代中期开始，国家选择贵州湄潭、江苏苏南、广东南海、北京顺义等地进行农地制度改革试点。在这些地区进行的农地制度改革试验取得了丰硕成果，不少成功经验得到国家认可并在全国推广。我们知道，中国制度改革走了一条渐进之路，农地制度改革也一样。针对农地制度运行中存在的具体问题，我国走了一条渐进改革之路。近年来，在农地“三权分置”政策之下，各地区结合本区域的实际情况，在推进农地流转方面做了许多工作。农地流转一方面促进农地由“资源”向“资产”、农村闲置“资金”向“资本”、农户身份由“农民”向“股民”的变化，推进农地制度安排的创新；另一方面，在农地制度改革与创新过程中出现一些新情况、新问题，需要学术界进行总结和研究。例如，农地流转空间规律性、农地“三权分置”的路径、农地流转与非就业的内在逻辑、农地流转与农民增收、农地抵押贷款、城乡土地制度分割带来的危害、农地流转过程对农民权益损害，等等。这些问题迫切需要我们进行理性反思与探讨。更何况从2013年以来中央一号文件均用相当的篇幅对农地制度改革与流转进行了阐述，习近平总书记在党的十九大报告中明确指出：“深化农村土地制度改革，完善承包地‘三权’分置制度。保持土地承包关系稳定并长久不变，第二轮土地承包到期后再延长30年”。可见，党和国家高度重视农地制度改革与创新。因此，对农地制度与流转问题进行深入、全面、系统研究是我们义不容辞的责任，正是基于这一认知，瞄准农地制度改革与流转中存在的重大现实与理论问题，我们组织有关学者、专家对此进行深入研究，形成了系列成果。这些成果以“农地制度改革与流转研究”丛书形式，由中国财政经济出版社出版发行，意义重大。本套丛书的出版不仅得到各位专家、学者的支持，而且还得到中国财政经济出版社的支持，没有他们的努力，丛书是不可能入选国家“十三五”重点出版物出版规划项目和国家出版基金资助项目的。在此，对他们的支持和努力表达最诚挚的感谢！

洪名勇

2019年12月

目　　录

第 1 章　农地流转与山地高效农业

1.1　研究背景

贵州省委、省政府决定，自 2014 年起，贵州省以结构调整为主线，以园区建设为平台，大力发展现代山地高效农业，到 2016 年已发展到 100 个引领型、150 个发展型和 135 个追赶型山地高效农业园区；而山地高效农业的发展必须以农业规模化经营为前提，这就要求以农地流转为手段达到规模化。但以农地流转促进高效农业的发展过程中，不仅农地流转涉及农民、村集体、农业专业合作社、农业经营企业、农场等诸多的利益相关者，而且农地流转在产权制度、产权认知、制度实施等方面还存在诸多的问题，亟待解决。

中共贵州省委关于贯彻落实《中共中央关于全面深化改革若干重大问题的决定》的实施意见指出："鼓励承包经营权在公开市场上向专业大户、家庭农场、农民合作社、农业企业流转，发展多种形式规模经营。"

（1）政府高度重视山地高效农业的发展。

我国是一个十几亿的人口大国，对于粮食需求庞大。近年来，随着现代农业的不断发展，高效农业发展已经成为我国农业发展迫切需要的重要思路之一。如何有效提高农业生产效率是我们一直不断研究探索发展的主题，高效农业是随着农业科技不断发展产生的概念。高效农业不仅关系到农业生产，更与农民收入、农村社会稳定和经济发展息息相关。国家已经连续几年在"中央一号"文件中提到转变农业发展方式、促进农民增收的问题。其中，2016 年"中央一号"文件中提及："推进农业供给侧结构性改革，加快转变农业发展方式，保持农业稳定发展和农民持续增收，走产出高效、产品安全、资源节约、环境友好的农业现代化道路"。2015 年贵州省出台《关于加快推进现代山地特色高效农业发展的意见》："提出到 2020 年初步形成以山地、生态、精品为特色的现代高效农业。"2014 年 5 月 20 日省委书记在安顺市关岭县调研时强调："增加农民收入为主要目标……发展山地现代高效农业，加快贵州省农村脱贫致富和全面小康建设步伐。”

（2）中央高度重视农地适度规模经营和农地流转。

发展山地高效农业的前提是农地适度规模经营，对于以家庭经营为主的农地经营而言，农地适度规模经营主要是通过农地流转实现的。2016 年 12 月 19 日至 20 日的中央农村工作会议聚焦“农业供给侧改革，提高土地产出率资源利用率，首次明确相对独立的经营权的权能，解决农村土地流转成本过高的难题”。2014 年 11 月，中央办公厅、国务院办公厅印发了《关于引导农村土地经营权有序流转发展农业适度规模经营的意见》，文件指出：“伴随我国工业化、信息化、城镇化和农业现代化进程，农村劳动力大量转移，农业物资技术装备水平不断提高，农户承包土地的经营权流转明显加快，发展适度规模经营已成为必然趋势。实践证明，土地流转和适度规模经营是发展现代农业的必由之路，有利于优化土地资源配置和提高劳动生产率，有利于保障粮食安全和主要农产品供给，有利于促进农业技术推广应用和农业增效、农民增收，应从我国人多地少、农村情况千差万别的实际出发，积极稳妥地推进”。从中华人民共和国农业发展的 70 年来看，每一时期的发展都与土地制度和政策紧密相关，从整体上来看，我国农村土地政策一直在禁止土地调整、延长农地使用期限、鼓励并逐渐开始实施农地使用权的确权，以稳定农民的土地使用权，并最终激励农户在土地上的投资行为，提高农户利用土地的效率。国家对农地流转市场发展的促进和鼓励与日俱增。因而在这种政策背景下通过促进土地流转形成规模经营在一定程度上可以有效地加快高效农业的发展。

（3）高效农业是促进农民增收的有效途径。

面对山区农业发展的种种制约因素以及诸如农业产业规模小、比较效益低、农村剩余劳动力转移难等深层次的问题和矛盾，迫切需要尽快改变山区农业发展模式，有效推动山区农业经济发展。因此，加快高效农业发展是促进我国甚至我国山区农业现代化发展的重要方式。但是，我国山区高效农业的发展其实并不成熟，存在一定的问题。特别是像贵州省这样的山区高效农业发展更是缓慢，少了政策的引导和技术的支持是山区高效农业发展滞后的重要原因。因此，在这样的现实背景下迫切需要对山区高效农业发展情况进行研究分析，以此来促进山区高效农业快速发展。

（4）农地流转是促进山地高效农业发展的重要途径。

山地高效农业的发展前提是需要一定规模的土地进行农业规模化种植，想要达到这一目的只有通过农地流转这一方法。目前，在经济发达地区出现了农村土地出租、农地互换、农村土地入股、农地转包等形式，为高效农业发展模式提供了一定的物质保障。这些经验都值得贵州山区在发展高效农业时借鉴。

1.2 文献综述

1.2.1 国外研究综述

（1）国外关于土地流转的研究综述。

在国外文献综述中，多用农村土地交易的概念。在实际中，国外农村土地交易既包括农村土地所有权的买卖，也包括农村土地租赁、置换、转让等使用权的流转。Binswanger（1995）认为，土地所有权和使用权的转移会使资源配置更有效，并刺激人们对土地资源开发利用的深度投资，减少农户的风险，土地资源获取的限制往往会降低农户的收益率，因而也会降低农业劳动力的保留价格[①]。Douglas C. Macmillan（2000）从经济学的角度分析土地市场，认为土地可以在公开市场进行自由交易，但是在交易过程中会发生市场失效，造成土地利用的动荡，因此财政部门应当支持政府干预市场以弥补市场缺陷[②]。Alexander Woestenburg，Erwin van der Krabben 和 Tejo Spit（2014）分析不同的农村土地市场制度方面，作为第三方的农村土地交易机构是否准确理解了土地价值，根据制度经济学理论设定了地价模型，并搜集了丰富的数据，实证了产权、模式创新是影响农村土地交易的重要因素[③]。

（2）国外关于高效农业发展的研究综述。

国外较早开始对高效农业展开研究，尤其是在工业化发展后，越来越多的研究将重点放在了农业领域。西奥多·舒尔茨将人力资本理论与农业经济学相结合，针对发展中国家人多地少的特点，研究解决了如何把传统农业改造成高效农

---

① Binswanger，H. & Deininger，K. & Feder，G. Power. Distortions，revolt and reform in agricultural land relations in Behrman，J. and Sriniwasan，T. N. Handbook of Development Economics，1995（4）：33 – 38.

② Douglas C. Macmillan. An economic case for land reform. Land Use Policy，2000（17）：49 – 57.

③ Alexander Woestenburg，Erwin van der Krabben，Tejo Spit. Institutions in rural landtransactions：Evidence from the Netherlands. Journal of European Real Estate Research，2014，Vol. 7（2）：216 – 238.

业。西奥多·舒尔茨在《改造传统农业》一书中提出，发展中国家经济的发展必须重视农业的现代化，而实现农业现代化的主要途径包括：完善农产品的市场价格体系，充分发挥价格对农业生产经营的调节作用；加强政府对农业现代化设施的投入，鼓励私人参与农业现代化建设；重视对农业人才培养的投入，建立和完善农业人才的培训教育制度；取消农业生产上的大农场制，以家庭农场作为农业生产的基本单位①。日本农业发展经济学家速水佑次郎和美国农业经济学家非农·拉坦合作研究，提出了名为诱导型技术创新理论，即现代农业的发展依赖农业生产率的持续增长，而生产率的增长又取决于农业技术的不断进步。

（3）国外关于农地流转与高效农业发展的研究综述。

20世纪50年代开始，日本政府通过各种政策和法律手段，促进农村土地向小部分人进行流转，以此来达到规模经营的目的，经过近30年的努力，日本基本改善了小农经营模式，转向了高效农业的发展。1958年日本发布的《经济白皮书》就明确指出小农经营模式不利于日本农业的现代化发展；1961年颁布的《农业基本法》提出可以采取扩大农户经营规模的形式，提高日本农业生产率；1962年修改的《土地法》对农户拥有耕地面积限制的条款进行了删除；1970年再一次修改的《土地法》对农业租佃限制的条款也进行了删除，鼓励农户通过出租土地、协作经营和承包他人土地等方式加快农业的土地使用权流转，扩大农户经营规模。

1.2.2 国内文献综述

（1）国内关于土地流转制度的研究综述。

广义的农地流转既包括农地权利的流转，又包括农地功能的流转；狭义的农地流转是指权利主体的农地权利部分或全部地从一个主体转移给其他主体的行为，即农地权利的流转。近几年，我国许多学者为此做了一定的研究。郭嘉、吕世辰（2010）提出，土地流转把更多的土地在使用权上集中到种田能手手中，避免土地抛荒和撂荒，使土地这种我国的稀缺生产要素发挥应有的作用，实现农业现代化②。钟文晶、罗必良（2013）建议赋予农民以土地财产权、推进农地资本

① 舒尔茨．改造传统农业．商务印书馆，1987：45-48.

② 吕世辰，丁倩．农村土地流转问题的调查与思考．理论探索，2010（2）.

化，才能解决农民对于农地的依赖性，促进农地流转[①]。付凯（2014）研究了农地流转对生产要素的整合效益，农地流转可以促使农业劳动力、农业资金和土地资源重新配置和重组，促使经济效益提高。洪名勇、关海霞（2012）分析了家庭耕地面积、单块土地面积、非农就业机会、收入结构、农户的个人特征、社会保障几个因素对农地流转的影响[②]。在围绕集体建设用地能否入市的研究，有一种观点认为，农村宅基地不得流转或要严格限制流转条件。李勇等（2014）提出农村土地流转制度创新是关系中国改革深化的关键问题之一，是构建农业集约化、专业化、组织化、社会化经营的重要保障，他以浙江省嘉兴市"两分两换"为例，对农村土地流转制度创新中不同主体的行为特征进行了系统分析并提出了政策建议[③]。贺景霖（2015）认为我国土地长期实行家庭联产承包责任制，生产规模较小，难以进行土地规模经营。通过柯布—道格拉斯生产函数建立土地规模经营模型，以河南豫东农村地区土地经营的劳动力投入和种植面积为样本数据，模型估算出当前农村土地实现规模经营的合理数量。结果表明，当前农村需要转移大量劳动力才能实现土地规模化经营，并提出了相关的对策建议[④]。

（2）国内关于高效农业发展的研究综述。

高效农业是以市场为导向，运用现代科学技术，充分合理利用资源环境，实现各种生产要素的最优组合，最终实现经济、社会、生态综合效益最佳的农业生产经营模式。国内对于高效农业的研究主要开始于20世纪90年代以后。我国许多学者对高效农业及其效益评价进行了多侧面、多角度、多层次的探讨，得到了许多具有建设性和代表性的研究成果。黄婧、史琼、欧国武、崔嵬和孙秋（2015）认为贵州山地高效农业的对策为大力发展休闲农业和乡村旅游业，大力发展特色农业、生态农业和立体农业，大力培养新型农业主体，构建新型农业经营体系等[⑤]。郑建初等（2009）提出现代高效农业是江苏省农业发展的主要方向，通过调研、座谈、资料收集等方法，在充分分析江苏现代高效农业发展背景的前提下，提出了江苏省现代高效农业的发展目标及主要模式，并根据实际情况，提出了江苏省发展现代高效农业的支撑体系[⑥]。孔秋林等（2010）认为农业

① 钟文晶，罗必良．禀赋效应、产权强度与农地流转抑制——基于广东省的实证分析．农业经济问题，2013（3）．

② 洪名勇，关海霞．农户土地流转行为及影响因素分析．经济问题，2012（8）．

③ 李勇，杨卫忠．农村土地流转制度创新参与主体行为研究．农业经济问题，2014（2）．

④ 贺景霖．土地规模经营的生产模型分析．统计与决策，2015（6）．

⑤ 黄婧，史琼，欧国武等．贵州现代山地高效农业发展的困境与对策．贵州农业科学，2015（8）．

⑥ 郑建初．江苏省现代高效农业发展目标与模式研究．江苏农业学报，2009（1）．

综合开发政策对于推进高效农业发展，快速提升农业产业化水平，对促进农业增效、农民增收都有非常重要的意义①。农业研究并不仅仅限制在农村地区，也有学者对城市发展高效农业进行了研究，张汉强等（2014）通过对光明食品集团在生态高效农业转型升级方面的主要做法和取得的成效进行系统的总结和分析，概述了中国现代农业研究进展和内涵特征，为上海及全国其他中心城市发展生态高效农业提供参考②。

（3）国内关于农地流转与高效农业发展的研究综述。

高效农业是指从当地资源条件出发，以国内、国际市场为导向，实行生态农业与农业产业化相结合，辅之“设施农业”和“特色农业”，生产品种更多、数量更大、质量更优的植物、动物、微生物符合标准的多系列质量安全农产品、食品，创造名、特、优品牌，实现经济效益、生态效益、社会效益全面提高。探索可行的农地流转模式，培育农地使用权流转的中介机构，建立和改革农村社会保障及其他相关制度。另外，在关于高效农业与农地流转之间直接关系的方面，邓辉（2013）认为高效农业发展模式的运用必须有一定的土地规模，必须以土地集中使用为前提，在农村土地流转和使用过程中，应该明确农村土地流转主体，农村土地流转后用途，农村土地流转形式和农村土地流转后土地用途的监控主体这四个方面的问题③。戚焦耳、郭贯成和陈永生（2015）利用 DEA－Tobit 模型分析了农地流转对农业生产率的影响，证明了农地流转整体上推动了生产效率的提高，转入农地对生产效率的影响比转出对生产效率的提高的影响更为显著④。

1.3 理论框架

1.3.1 土地规模经营

土地规模经营是指在一定的经济技术条件下，农业经营主体为获取土地规模

① 孔秋林，孔令胜．农业综合开发推进高效农业发展的调查思考．农业开发与装备，2010（1）．

② 张汉强，余从田，雷艳芳．中国都市生态高效农业发展实践与建议——基于光明食品集团现代农业的转型发展．中国农学通报，2014（23）．

③ 邓辉．高效农业发展模式亟需解决的问题与对策．农业经济，2013（1）．

④ 戚焦耳，郭贯成，陈永生．农地流转对农业生产效率的影响研究——基于 DEA－Tobit 模型的分析．资源科学，2015（9）．

效益而采用的一种扩大土地规模的经营。经济学上普遍认为，扩大生产规模将会增加经济效益，大规模生产具有其独特优势。但由于存在生产要素边际报酬先增加后减少的边际报酬递减规律，当规模超过一定限度时，效益不会再提高甚至会减少。依据边际报酬递减规律可将生产经营情况划分为规模经济、规模不经济，边际成本等于边际收益时是形成规模经济最优的必要条件。农业发展取决于生产要素之间的配合比例以及农业科技水平的高低。在一定的科学技术水平下，只有农业生产要素配合比例适当才能发挥各要素的生产作用，获得最大的生产效益。当各农业生产要素不在最佳比例的配置状态时，总有某一种生产要素的作用没有完全发挥。要解决这一问题，只能通过增加短缺的生产要素使资源配置优化。也就是说，通过增加短缺的生产要素获得一定的规模效益。

在一定的农业科技水平下，土地生产要素作为农业生产中最重要的因素，其规模的大小制约了农业生产规模的发展。当土地规模小于其他生产要素配置比例时，会导致由于土地资源稀缺，其他生产要素的作用无法完全发挥，造成其他生产要素资源浪费。此时，扩大土地规模就可以继续发挥其他要素资源的作用，产生规模效益。当土地规模大于其他生产要素配置比例时，又会使得土地生产要素的浪费，不能完全发挥土地的生产作用。此时，适当地缩小土地规模就会提高土地的生产率，增加经济收入。另一种情况，当农业科学技术提高后，农业生产要素之间的配合比例也会发生变化，原先的配置比例不能符合新技术的要求，也会造成资源配置不合理而发生资源浪费，这时候要根据农业科技水平确定适当的资源配置比例。土地规模效益主要是指在土地要素不足导致其他生产要素无法完全发挥作用的情况下，由于土地面积规模的扩大，导致单位农产品成本的降低和单位面积农产品产量的提高，从而提高了农业经济效益。随着土地面积的扩大，规模效应递减，即在某一土地水平之前，随着面积的扩大，农业经济效益增加，边际农业经济效益递减，而当面积超过这一临界值后，农业经济效益递减，规模效益为负。

如图 1-1 所示，Y 轴代表农业经济效益，X 轴代表土地面积。当土地规模水平处于 X_1 的情况下，对应的农业经济效益为 Y_1，此时并未达到最大的农业经济效益。当土地规模由 X_1 扩大到 X_2 时，获得土地规模效益，农业经济效益增加，Y_2 大于 Y_1，当土地规模扩大至 X_m 时，获得最大的农业经济效益 Y_m，在这一扩张过程中，边际农业经济效益是逐步递减的，即曲线的倾斜度越来越平缓。这一过程表示追加土地要素使其适应其他要素的配置比例，获得土地规模效益。如果继续扩大土地规模至 X_3，那么农业经济效益不会增加反而会下降至 Y_3，这是因为土地要素的比例大于其他生产要素的配置比例，或者与现行农业科技水平不匹配，造成规模效益递减。所以点（X_m，Y_m）就是土地资源最优配置点，即土地适当规模的点。

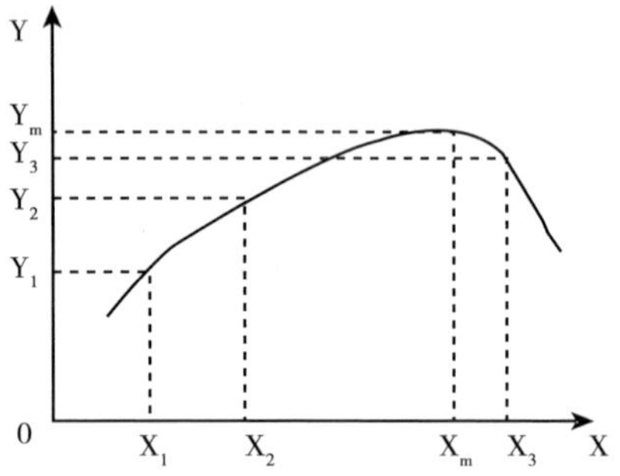

图1－1　土地经营规模边际效益变化规律

1.3.2　农地流转与规模经营

农地流转带来的直接结果是土地大量集中在农业经营者手中，产生土地规模经营效益。除此之外，农地流转还可以间接地带动资本、劳动力、技术方面的规模效益。

（1）农地流转与土地规模经营。

农地流转将分散的土地集中起来，重新配置了农业生产中的资源要素。在传统的家庭联产承包责任制中，农业生产要素中配置比例并不合理，土地要素投入较少，产量的提高更多的是靠农业劳动力要素投入，并未达到土地规模经营。随着农业技术的提高和资本投入的加大，过少的土地资源使农业资源配置更加不合理，使其他要素不能正常发挥它们的作用，降低了农业生产效率。因此，农地流转使土地资源充足，提升了土地要素的投入比例，并且农地流转可以更加合理地利用土地资源，达到土地规模经营的目标，提高产量和农业产值。

（2）农地流转与资本规模经营。

农业资本相比于其他产业的投入一直是很低的。农地流转将土地集中到农业企业或者农业组织后，一方面企业比起家庭经营有着更雄厚的资金，可以加大农业资本投入；另一方面，农业企业更容易获得政府各方面的支持，可以更容易地获取农业资金的贷款或者政府对于农业的支持型投入，这样也可以加大农业资本投入，提高农业资本规模经营。

（3）农地流转与劳动力规模经营。

农地流转和农村劳动力转移的促进作用是相互的。随着第二、第三产业的迅速发展，大量农村劳动力离开农村，从事其他产业的工作，使农用土地开始以赠送、代耕等形式流转给他人。另外，农地流转解放了农村劳动力，让他们可以放心进城务工。在传统农业中，农业劳动力的投入远远超过其他要素，随着我国农业向现代农业的转变，农业科学技术的提高，使农业中需要的劳动力逐渐减少。农地流转使农业劳动力从土地上转移到其他行业，而土地转入方对于劳动力的投入会以更加科学的比例来投入，改变农业劳动力投入过多的问题，从而达到劳动力的规模经营。

（4）农地流转与技术规模经营。

农地流转后将多数土地转入种植大户、农业合作社、农业龙头企业等。这些企业与个人相比，有着更高的农业科学技术素养。在农业技术方面，它们更加追求农业科技的提高，更注重通过农业技术提高农业产值，并且使土地要素投入更加配合农业技术要素的提高，更好地发挥其作用，达到农业技术规模经营。另外，也使更多的土地投入高技术的农业，加速我国现代农业的发展。

1.3.3　规模经营与山地高效农业

（1）规模效益与农业高收益。

首先，农业规模效益产生后，可以提高农业产出，提高农业总产值；其次，农业企业产生一定规模后，可以降低农业固定资产的平均单位成本，对于化肥农药等生产要素的采购也可以降低成本，提高利润；最后，农业企业规模化还有助于企业实力增强，延长农产品生产链，逐步形成企业品牌。

（2）规模效益与农业高效率。

规模效益形成后，提高了土地利用效率，节约了资源，提高了农业资源利用效率；规模效益有利于企业积累资本，进行农业技术创新，减少农药化肥的使用，不仅对农业生态环境有益、发展可持续农业，而且还可以节约资源。

1.3.4　农地流转与山地高效农业

（1）高效农业发展必须以农地适度规模经营为前提。

要想发展高效农业，必须采取农地流转的手段。高效农业要求根据现有资源情况，充分利用资源，达到农业生产要素的最优配置，发挥每一个生产要素的最大作用。而我国农业现有的情况是土地要素的稀缺，影响了其他生产要素作用的发挥，降低了农业生产效率。为了解决这一问题，只能增加土地生产要素，提高土地规模效应。而要想达到这一目标必须通过农地流转这一手段。所以说，高效农业发展必须以农地适度规模经营为前提。

（2）农地适度规模经营会促生山地高效农业。

农地流转发展到一定程度，会促使高效农业的产生。农地流转可以提高资源利用率，促使在农业生产中化肥农药用量减少，保护农业生态环境，还可以通过良种、有效灌溉面积增加等手段保护资源，这就产生了生态效益；农地流转会带动农业规模化，提高农业生产效率、资源利用率、劳动力利用率和生产技能，增加农业产值，提高农民收入，这些产生了经济效益；另外，农地流转还可以产生一系列的社会效益，包括促进农产品市场化和多样化、加快农业产业化、促进农村基础设施建设等。农地流转的这些效益都与高效农业的发展不谋而合，因此，农地流转会加速高效农业的发展。

1.4 农地流转对高效农业的影响——基于贵州的实证分析

1.4.1 模型构建和数据选择

模型建立在引入科学技术因素而改进而成的柯布—道格拉斯函数（CD 函数）和索洛增长模型的基础上，将农地流转因素内生化引入经济增长模型中。由于是截面数据，因此假设不存在延迟性，而且还采用线性研究的方法对经济活动进行研究。

基础模型为：

$$Y = AK^{\alpha}L^{\beta}S^{\chi} \tag{1.1}$$

其中，Y 代表经济增长，K 为资本投入，L 为劳动力投入，S 为农地流转因素，A 为技术水平，α、β、χ 表示各经济变量的产出弹性系数。

将模型取对数为：

$$LnY = LnA + \alpha LnK + \beta LnL + \chi LnS \tag{1.2}$$

二级指标：Y 表示贵州省每个现代高效农业示范园区中的总产值，K 为每个园区年资金投入，L 为示范园区内从业总人数，S 为园区土地流转面积。

1.4.2 样本描述

2015 年贵州现代高效农业示范园区共计 326 个，由于个别数据统计不完全，因此有效数据共 295 个。由表 1－1 可知，农业园区 2015 年平均产值为 55579.36 万元，年平均投资额为 38721.05 万元，从业农民平均人数为 1.34 万人，平均流转土地面积为 3.76 万亩。

表 1－1　描述性统计

	N	极小值	极大值	均值	标准差
Y	295	572.00	305174.00	55579.362	50556.4538
K	295	608.00	178070.40	38721.0469	29616.8157
L	295	0.0065	28.0000	1.333059	2.0178339
S	295	0.0150	60.0000	3.760844	4.8192088

1.4.3 回归分析

（1）多重共线性检验。

利用 SPSS 检验数据，通过共线性诊断判断是否存在多重共线性，结果如表 1－2所示。各变量之间的相关系数不大，条件指数最大为 33.938（大于 10 时说明可能存在多重共线性），所以该模型还是存在一定程度上的多重共线性。为了消除模型的多重共线性，运用主成分回归分析方法消除多重共线性。

表 1－2　共线性诊断

维数	特征值	条件索引	方差比例			
			常量	LNK	LNL	LNS
1	2.402	1.000	0.00	0.00	0.00	0.4
2	1.217	1.405	0.00	0.00	0.42	0.12
3	0.380	2.516	0.00	0.00	0.54	0.75
4	0.002	33.938	1.00	1.00	0.04	0.08

注：因变量 LNY。

（2）主成分回归分析方法。

如表1－3和表1－4所示，KMO达到了0.645（大于0.6），适合用主成分分析法。根据方差累计率，提出两个主成分，累积率达到82.4%，这样可以比较好地代表原数据，分别记为Z_1、Z_2。

表1－3 KMO和Bartlett的检验

取得足够度的Kaiser－Meryer－Olkin度量		0.645
Bartlett的球形度检验	近似卡方	129.287
	df	3
	Sig.	0.000

表1－4 解释的总方差

成分	初始特征值			提取平方和载入			旋转平方和载入		
	合计	方差的%	累积%	合计	方差的%	累积%	合计	方差的%	累积%
1	1.794	59.788	59.788	1.794	59.788	59.788	1.356	45.203	45.203
2	0.678	22.614	82.402	0.678	22.614	82.402	1.116	37.199	82.402
3	0.528	17.598	100.00						

注：提取方法：主成分分析。

通过表1－5的因子得分系数矩阵，将主成分Z_1、Z_2表示为各个变量的线性组合。表达式如下：

$$Z_1 = -0.269stdx_1 + 0.807stdx_2 + 0.441stdx_3 \tag{1.3}$$

$$Z_2 = 0.989stdx_1 - 0.322stdx_2 + 0.178stdx_3 \tag{1.4}$$

表1－5 成分得分系数矩阵

	成分	
	1	2
LNK	－0.269	0.989
LNL	0.807	－0.322
LNS	0.441	0.178

注：提取方法：主成分分析。旋转法：具有Kaiser标准化的正交旋转法。构成得分。

根据表1－6可以算出$stdx_i$（表示标准指标变量）与变量之间的关系：

$$stdx_1 = \frac{LNK - 10.32}{0.74}, stdx_2 = \frac{LNL + 0.29}{1.18}, stdx_3 = \frac{LNS - 0.73}{1.26} \tag{1.5}$$

表 1-6　描述性统计

	均值	标准差	分析 N
LNK	10.315003	0.7405714	295
LNL	-0.289908	1.1815306	295
LNS	0.734429	1.2635701	295

至此，通过 SPSS 软件得出 Z_1、Z_2 两个新变量的数值，因为这两个主成分因子包含原先 5 个指标，所以可以代替原先的变量，现将 LNY 与 Z_1、Z_2 进行回归分析。

（3）回归分析。

使用 EViews 软件得出回归结果如表 1-7 所示，F-statistic 的 P 值为 0.00000（远小于 0.05），调整后的 R^2 为 0.511（微观数据大于 0.3 均可），方程整体显著；Z_1 的 P 值是 0，Z_2 的 P 值为 0（小于 0.05），也很显著；D-W 值为 1.63（接近 2），不存在序列相关。

表 1-7　计量分析

变量	系数	标准差	T 统计量	P 值
Z_1	0.427518	0.043098	9.919763	0.0000
Z_2	0.626752	0.043098	14.54263	0.0000
C	10.50220	0.043024	244.0983	0.0000
R^2	0.514861			
调整后 R^2	0.511538			
D-W 值	1.633637			
F 统计量	154.9449			
F 统计量的 P 值	0.0000			

以上回归分析结果检验说明，模型在经过调整之后，拟合优度非常高，自变量 Z_1 和 Z_2 能够很好地解释因变量 LNY，其线性回归方程如下：

$$LNY = 0.427Z_1 + 0.627Z_2 + 10.5 \tag{1.6}$$

将标准自变量还原为原自变量，得到因变量 LNY 与原自变量 LNK、LNL、LNS 的线性回归方程为：

$$LNY = 0.683LNK + 0.121LNL + 0.238LNS + 3.315 \tag{1.7}$$

所以引入了农地流转因素的生产函数为：

$$Y = e^{3.315} K^{0.638} L^{0.121} S^{0.238} \tag{1.8}$$

从回归结果来看，所选取的各个变量经过数据处理后，变量之间存在长期稳定的均衡关系，且消除多重共线问题后，方程整体和各个指标变量显著，符合各自的经济意义。这说明本章选取的变量比较合适，能够较好地反映所研究的经济问题。从回归方程可以看出，农地流转因素对农业发展的推动作用已经超过劳动投入，这说明在现代高效农业示范园区中，农地流转因素对高效农业产值的弹性系数为0.238，是其重要的影响因素。资本投入对于总产值的拉动作用也很大，达到了0.638，劳动力的弹性系数最小，说明对农业经济增长的促进效果较小。首先，资本投入对于高效农业产出的影响最大，这与现实情况是吻合的。农地流转为农业园区中的农业企业提供了土地生产要素，追加资本投入对于产出的影响是巨大的。对于2013年开始建立的高效农业园区，需要农业企业投入较多的资本，不仅包括种子、农药、化肥等生产资料，还包括基础设施、农业机械等。高效农业企业相比于传统农业在农业科技和管理经营方面都有更高的投入。资本投入配合土地规模经营，整合了农业资源，使农业生产要素配置比例更加合理，带来更多的农业产出，所以资本对于农业产出的影响是最大的。其次，劳动力要素对于高效农业产出的影响最小，这是由于高效农业强调更高的农业生产效率，相比于传统农业，农业机械化减少了劳动力作业时间，高效农业经营主体所需要雇佣的劳动力较少。但是劳动力并不能完全被替代，由于农业的特殊性，许多农业作业环节必须由劳动力亲自完成。在贵州，由于喀斯特地貌的影响，即使在农地流转后土地还是较零散，农业机械化程度受限，还是需要一定的劳动力配合。因此，劳动力对于高效农业还是有重要影响。最后，农地流转对于高效农业的产出影响较大。高效农业企业要想扩大企业规模，农地流转是关键。只有通过农地流转获得更多的土地，才能扩大生产规模，提高其他生产要素的利用效率，获得规模效益，才更能符合高效农业企业追求生产率提高、收益提高的目标。

第 2 章　农地适度规模经营：基于贵州的实证研究

改革开放以来，随着家庭联产承包责任制的实行，农民耕地的积极性越来越高。近年来，“三权分置”的实施，形成了所有权、承包权、经营权分离的经营权流转格局，赋予了经营权法律上的权能，极大地放活了经营权，促进了农地的流转承包。因此，通过农地流转过程促进农地适度规模经营是促进未来农村经济发展的趋势之一。本章通过研究贵州省农地劳动力生产率与农地规模之间的关系，得出目前贵州省的农地规模经营还处于规模报酬递增阶段，农地最优的经营规模为每个从业人员的播种面积为 0.654 公顷。通过二次指数平滑法测算出按照目前贵州省农地规模的发展速度在 2025 年年初将会达到最优的农地规模。因此，我们应继续促进农村土地流转，推广“三变”改革经验，提高人均耕种规模。

2.1　国内外文献综述

2.1.1　国内研究综述

（1）探索阶段：1978 ~ 2002 年。

我国自实行家庭联产承包责任制以来，调动了农民的生产积极性，但在土地生产力大大提高的同时，土地细碎化问题也随之产生。1984 年“中央一号”文件提出“鼓励土地逐步向种田能手集中”，这成为农地流转的开始，紧接着 1986 年便提出发展适度规模的种植专业户，此阶段相关政策演进如表 2 - 1 所示。在中国社会主义农业的改革和发展中，有两个大的飞跃：即家庭联产承包责任制的实行为农业第一次飞跃，发展适度规模经营为第二次飞跃。规模经营是农业内部发展生产力的要求，土地细碎化阻碍着土地产出率和农业劳动生产率的进一步提高。胡立强提出农业生产面临陷入“规模小—效益差—投入少—超小规模”的低水平恶性循环的境地[①]；吴树成从辩证法的角度提出必须在坚持集体所有权，稳定农户承包权的前提下，积极搞活经营使用权，积极引导和规范农地使用权的有偿流转，推进农地规模经营的进程[②]；马晓河和崔红志提出农地流转是区域农业生产规模化经营的基础条件[③]；楚玲认为发展农业适度规模经营的前提条件之一就是建立合理的农地流转制度[④]，在推进农地流转适度规模经营过程中，土地流转规模在地区之间开始出现差异，产生差异的主要原因为农村经济发展水平、农村产业结构、人均耕地数量、地方政府的政策取向；解安总结了欠发达地区土地流转及适度规模经营的制约因素，即思想观念滞后、农村剩余劳动力转移缓慢、社会化服务体系尚未健全等[⑤]。因此提出对于欠发达地区需要因势利导，重点突破，分层扶持，稳健发展，实行“土地流转产业化、经济补偿合理化、流转管理科学化”，加速农村劳动力转移，建立健全农业生产的社会化服务体系。

表2-1　1978~2002年中国农地流转与适度规模经营相关政策

年份	文件名称	主要内容
1984	中共中央关于1984年农村工作的通知	鼓励土地逐步向种田能手集中
1986	关于1986年农村工作的部署	随着农民向非农产业转移，鼓励耕地向种田能手集中，发展适度规模的种植专业户
1987	把农村改革引向深入	在京、津、沪郊区，苏南地区和珠江三角洲，可分别选择一两个县，有计划地兴办具有适度规模的家庭农场或合作农场
1993	中共中央、国务院关于当前农业和农村经济发展的若干政策措施	在原定承包期到期之后，再延长三十年不变； 提倡实行“增人不增地、减人不减地”； 允许土地的使用权依法有偿转让
1993	中共中央关于建立社会主义市场经济体制若干问题的决定	在坚持土地集体所有的前提下，延长耕地承包期； 允许土地使用权依法有偿转让；少数经济比较发达的地方，本着群众自愿原则，可以采取转包、入股等多种形式发展适度规模经营，提高农业劳动生产率和土地生产率

① 胡立强．农地有效流转面临六大障碍．农业经济问题，1994（10）.
② 吴树成．农地流转的辩证思考．湖湘论坛，1995（1）.
③ 马晓河，崔红志．建立土地流转制度，促进区域农业生产规模化经营．管理世界，2002（11）.
④ 楚玲．关于建立农村土地流转制度的研究．经济地理，1995（1）.
⑤ 解安．发达省份欠发达地区土地流转及适度规模经营问题探讨．农业经济问题，2002（4）.

续表

年份	文件名称	主要内容
1994	关于稳定和完善土地承包关系的意见	建立土地承包经营权流转机制
1995	国务院批转农业部关于稳定和完善土地承包关系意见的通知	在充分尊重农民意愿的基础上，可以采取多种形式，适时加以引导，发展农业适度规模经营
1997	中共中央办公厅、国务院办公厅关于进一步稳定和完善农村土地承包关系的通知	少数经济发达地区，农民自愿将部分“责任田”的使用权有偿转让或交给集体实行适度规模经营，这属于土地使用权正常流转的范围，应当允许
1998	中共中央关于农业和农村工作若干重大问题的决定	少数确实具备条件的地方，可以在提高农业集约化程度和群众自愿的基础上，发展多种形式的土地适度规模经营
2001	中共中央关于做好农户承包地使用权流转工作的通知	农户承包土地使用权流转的主体是农户
2002	中华人民共和国农村土地承包法	土地承包经营权采取转包、出租、互换、转让或者其他方式流转

对于土地流转后规模经营的效果，一方面，学者们认为要兼顾土地生产率、劳动力生产率以及农民收入，若不能兼顾时，以土地生产率为主。例如，周诚提出农地规模经营的内涵为：扩大经营单位的土地规模，使农业劳动力达到满负荷，使之有用武之地，而且获得相应的收入①，此外，使耕地逐步集中到种田能手手中，以便保持和提高单位面积产量，保障农产品总产量，也即人尽其才，地尽其力；杨雍哲认为规模经营可以提高劳动生产率、土地生产率、农产品商品率，其中最为关键的是土地生产率②；张光辉却认为农业规模经营与提高单产并行不悖③，为了促进农业劳动生产率的提高，增加农民收入，要始终把促进农业适度规模经营作为我国农业和农村的一项重要政策；黄祖辉和陈欣欣通过实践案例的调查得出适度规模经营使得劳动生产率、农民收入、商品率和农户投入明显提高④，但粮食经营规模与土地生产率的效率显示不一；林善浪认为，当土地生产率与劳动生产率难以兼顾时，要保证不降低土地生产率⑤；吴昭才和王德祥以

① 周诚．对我国农业实行土地规模经营的几点看法．中国农村观察，1995（1）.

② 杨雍哲．规模经营的关键在于把握条件和提高经营效益．农业经济问题，1995（5）.

③ 张光辉．农业规模经营与提高单产并行不悖——与任治君同志商榷．经济研究，1996（1）.

④ 黄祖辉，陈欣欣．农户粮田规模经营效率：实证分析与若干结论．农业经济问题，1998（11）.

⑤ 林善浪．农村土地规模经营的效率评价．当代经济研究，2000（2）.

锦州市为例，得出土地生产率、劳动生产率和资金盈利率三个指标所计算出最优规模是不一致的[①]。另一方面，也有学者对农业规模经营存在怀疑。例如，任治君认为把农业适度规模经营作为一项全国性的政策是不适宜的[②]。若把降低生产成本增加农民收入作为首要目标，便会承担农业生产总量的风险；若把增加农业生产总量作为首要目标，又会面临生产成本难以下降、农民收入难以提高的风险。由于前一种风险会迫使我国求助于国内市场，后一种风险可以立足于国内解决。因此，尽管降低生产成本、增加农民收入也是我国农业政策的目标，但这只能是第二位的目标，处于第一位的目标是增加农业生产总量。罗必良提出农业在本质上并不是一个有显著规模效率的产业，并且论证了农地家庭经营的规模有效性[③]。

总之，此阶段的研究主要集中在以下几个方面：第一，各试验区开展土地适度规模经营的发展过程、规模经营的成效、经营形式、具备条件等方面的解析（魏景瑞和邹书良[④]；蒋中一[⑤]；郑新立等[⑥]；阎辉等[⑦]；王其南等[⑧]；黄爱军[⑨]）；也有部分学者对个别地区开展规模经营情况进行研究介绍（王昭耀[⑩]；艾云航[⑪]；郑可锋[⑫]；解安[⑬]）。目前中国土地规模经营的比例普遍较低，小规模经营仍是中国现阶段农村土地经营的主要特征[⑭]。第二，是对土地规模经营的必要性进行论述以及农地规模经营效率的研究。关于农地是否具有规模经济性的争论一直存在，至今学者仍未取得一致意见。学者从资源配置的角度，分析并提出了土地经

---

① 吴昭才，王德祥．农业经营规模研究．农业技术经济，1990（1）．

② 任治君．中国农业规模经营的制约．经济研究，1995（6）．

③ 罗必良．农地经营规模的效率决定．中国农村观察，2000（5）．

④ 魏景瑞，邹书良．平度市“两田制”改革试验及其初步效应．中国农村经济，1992（7）．

⑤ 蒋中一．苏南农业现代化初期的土地制度试验——苏锡试验区的经验．农业现代化研究，1994（6）．

⑥ 郑新立，刘希光，李红升．顺义县土地适度规模经营的新情况和新问题．计划经济研究，1988（3）：68－72．

⑦ 阎辉．农民股权生不增死不减——广东南海试验区农村土地股份合作制的新探索．农村合作经济经营管理，1997（7）．

⑧ 王其南，范远谋，李仲源，徐亚平．农业生产方式的深刻变革——北京市顺义县土地适度规模经营调查．农业技术经济，1989（2）．

⑨ 黄爱军．苏南土地规模经营速度减慢的原因与对策．中国农村经济，1996（11）．

⑩ 王昭耀．关于传统农区土地适度规模经营问题探讨．中国软科学，1996（5）．

⑪ 艾云航．实现农业集约化、现代化的必由之路——浙江乐清县土地适度规模经营的调查．农业技术经济，1994（4）．

⑫ 郑可锋．浙江省粮田适度规模经营的完善与发展探讨．中国农村经济，1996（4）．

⑬ 解安．发达省份欠发达地区土地流转及适度规模经营问题探讨．农业经济问题，2002（4）．

⑭ 叶剑平，罗伊·普罗斯特曼等．中国农村土地农户30年使用权调查研究——17省调查结果及政策建议．管理世界，2000（2）．

营规模适度扩大对农业生产绩效的提高具有正面效应，但也有学者对此存在怀疑。第三，对于规模经济与规模报酬问题研究。学者从投入产出角度估测出土地、劳动力和其他投入要素（如种子、农药、机械等）的产出弹性系数，然后根据各投入要素弹性之和来判断其规模经济性质（苏旭霞和王秀清，2002）。第四，对于适度规模经营的目标及评价标准研究以及对于农地规模经营的适度问题研究。评价标准主要包括产出（土地生产率、劳动力生产率）、成本与收入三个方面。由于土地经营规模是否适度是针对一定的评价目标的，不同的目标就会出现不同的判断依据，从而也会有不同的土地经营适度规模。

（2）规范发展阶段：2003～2013 年。

2003 年国家农业税的取消，对农地流转产生了重大影响，并且《中华人民共和国农村土地承包法》《中华人民共和国农村土地承包经营权证管理办法》等一系列法律文件的颁布，标志着农地流转进入规范化发展阶段，此阶段相关政策演进如表 2－2 所示。

表 2－2　2003～2013 年中国农地流转与适度规模经营相关政策

年份	文件名称	主要内容
2003	中华人民共和国农村土地承包经营权证管理办法	农村土地承包经营权证是承包方享有土地承包经营权的法律凭证
2005	农村土地承包经营权流转管理办法	规范农村土地承包经营权流转行为，维护流转双方当事人合法权益，促进农业和农村经济发展
2007	中华人民共和国物权法	农村集体经济组织实行家庭承包经营为基础、统分结合的双层经营体制
2008	中共中央关于推进农村改革发展若干重大问题的决定	按照依法自愿有偿原则，允许农民以转包、出租、互换、转让、股份合作等形式流转土地承包经营权，发展多种形式的适度规模经营
2009	农村土地承包经营权登记试点工作方案	稳步开展土地承包经营权登记试点； 做好农村土地承包经营权确权登记颁证工作
2013	中共中央国务院关于加快发展现代农业进一步增强农村发展活力的若干意见	用 5 年时间基本完成农村土地承包经营权确权登记颁证工作；首次提出“家庭农场”的概念
2013	中共中央关于全面深化改革若干重大问题的决定	稳定农村土地承包关系并保持长久不变，在坚持和完善最严格的耕地保护制度前提下，赋予农民对承包地占有、使用、收益、流转及承包经营权抵押、担保权能，允许农民以承包经营权入股发展农业产业化经营

一直以来，中国政府希望通过发展多种形式的适度规模经营达到保障国家粮食安全和提高农民收入的双重目标。然而，彭克强认为由于粮食生产的比较效益低下，粮食增产与农民增收目标未必一致[①]。赵凯认为土地细碎化是受中国自然因素、经济因素、社会因素、制度和政策因素的影响，从而形成的一种农户在农业生产的过程中出现地块数相对较多、单个地块的面积较小且存在差异、肥沃程度不一致、家庭距离地块的远近不同等特点的农户经营土地的形式，[②] 并基于以上 4 个本质属性，提出土地细碎化的综合定量测定方法。石晓平和郎海如认为，农业生产率是一个多维度综合性概念，包括土地生产率、劳动生产率、成本利润率、全要素生产率和技术效率，前四项指标反映农业生产中的投入产出关系，而技术效率反映规模扩大对农户技术利用效率的影响[③]。

对于土地细碎化，一方面，部分学者认为土地细碎化对农业生产存在负面影响。例如，钱贵霞和李宁辉认为，减少劳动力数量，扩大农户经营规模是提高种粮农民收入和保证我国粮食安全的有效途径[④]；钱贵霞和李宁辉利用柯布—道格拉斯（Cobb－Douglas）生产函数得出将农地经营由分散转向集中，实现规模经营是粮食主产区经济发展和粮农增收的关键问题[⑤]；王炳春和咸立双认为农地小规模经营必将经历家庭联产承包经营责任制的效益由利大于弊向弊大于利的转变过程，只有这样才能逐步走向较大的农地规模经营[⑥]；胡初枝和黄贤金认为土地经营规模的扩大能实现土地与资金、土地与劳动力的优化配置，并且由于地区自然、社会和经济条件的影响，应根据当地实际情况促进农业生产绩效的提高[⑦]；薛亮用数据和案例证明通过土地流转实现规模化经营是完全切实可行的[⑧]；齐城认为以劳动生产率为评价标准时最适度土地经营规模是存在的，即存在规模经济[⑨]；刘涛以江苏省南京市 274 个农户的实地调查数据为基础，利用多元线性回

---

① 彭克强．中国粮食生产收益及其影响因素的协整分析——以 1984～2007 年稻谷、小麦、玉米为例．中国农村经济，2009（6）．

② 赵凯．论土地细碎化及其定量测定方法．中国土地科学，2011（10）．

③ 石晓平，郎海如．农地经营规模与农业生产率研究综述．南京农业大学学报（社会科学版），2013（2）．

④ 钱贵霞，李宁辉．粮食主产区农户最优生产经营规模分析．统计研究，2004（10）．

⑤ 钱贵霞，李宁辉．不同粮食生产经营规模农户效益分析．农业技术经济，2005（4）．

⑥ 王炳春，咸立双．我国农地适度规模经营问题研究．理论探讨，2006（2）．

⑦ 胡初枝，黄贤金．农户土地经营规模对农业生产绩效的影响分析——基于江苏省铜山县的分析．农业技术经济，2007（6）．

⑧ 薛亮．从农业规模经营看中国特色农业现代化道路．农业经济问题，2008（6）．

⑨ 齐城．农村劳动力转移与土地适度规模经营实证分析——以河南省信阳市为例．农业经济问题，2008（4）．

归模型得出土地细碎化导致农户复种指数的下降，并阻碍了平均土地综合产出率的提高，因此建议通过推进土地流转来提高土地利用效率①；秦立建等利用随机前沿生产函数分析了土地细碎化、劳动力转移对农户粮食生产的影响，发现土地细碎化降低了农户的粮食生产效率，减少了粮食产量②；屈小博利用超越对数随机前沿生产函数模型得出农业经营规模与农户生产技术效率呈现倒“U”型效应趋势，即中等经营规模农户生产效率高于小规模农户和较大规模的农户③；同样地，张忠明和钱文荣利用访谈调查法、相关分析法、聚类分析法和 DEA 分析法也得出在一定规模范围内，农户粮食生产效率随土地经营规模的扩大呈现“U”型曲线的变化规律④；基于此，游和远和吴次芳认为农地流转的现实意义在于提高农地经营规模，实现土地适度规模经营，从而提高农业比较效益，促进农民增收⑤。

另一方面，有学者认为土地细碎化并不显著地影响农业生产，甚至会提高农民收入。例如，李功奎和钟甫宁研究表明，土地细碎化与农户种植业的多种经营存在正相关关系，土地细碎化增加了农户种植业的收入水平⑥；刘凤芹认为，大规模土地经营与小规模家庭农户相比并没有显示出可察觉到的全要素节约优势和单位产量优势，土地规模经营受制于土地流转速度和集中程度以及农村劳动力转移的速度和程度两个因素⑦；许庆利用半对数模型说明土地细碎化的存在虽然带来规模不经济、增加农业生产成本、降低农业产出水平等，但土地细碎化正面地影响了农民的收入水平⑧；许庆等研究表明，土地细碎化与农民人均收入成正比，现有的土地细碎化可以提高农民的收入水平，同时土地细碎化还有利于缩小农民收入不平等，其正向影响大于负面影响⑨，进一步地，许庆等从投入产出和生产成本两个角度，利用超越对数生产函数等，认为单纯出于提高粮食产量的目

---

① 刘涛，曲福田，金晶等．土地细碎化、土地流转对农户土地利用效率的影响．资源科学，2008（10）．

② 秦立建，张妮妮，蒋中一．土地细碎化、劳动力转移与中国农户粮食生产——基于安徽省的调查．农业技术经济，2011（11）．

③ 屈小博．不同规模农户生产技术效率差异及其影响因素分析——基于超越对数随机前沿生产函数与农户微观数据．南京农业大学学报（社会科学版），2009（3）．

④ 张忠明，钱文荣．农户土地经营规模与粮食生产效率关系实证研究．中国土地科学，2010（8）．

⑤ 游和远，吴次芳．农地流转、禀赋依赖与农村劳动力转移．管理世界，2010（3）．

⑥ 李功奎，钟甫宁．农地细碎化、劳动力利用与农民收入——基于江苏省经济欠发达地区的实证研究．中国农村经济，2006（4）．

⑦ 刘凤芹．农业土地规模经营的条件与效果研究：以东北农村为例．管理世界，2006（9）．

⑧ 许庆，田士超，邵挺等．土地细碎化与农民收入：来自中国的实证研究．农业技术经济，2007（6）．

⑨ 许庆，田士超，徐志刚等．农地制度、土地细碎化与农民收入不平等．经济研究，2008（2）．

的而大规模推行规模经营的政策显然是不可取的，农业经营规模的扩大有利于促进农民增收①。

对于农业规模经营的制约因素及如何实现农业适度规模经营方面。例如，许月明认为，土地规模经营难以实现的主要原因是土地规模小而难以流转，土地的社会保障功能强于生产功能②；李相宏认为，农业规模经营是我国农业经济发展的手段，而不是目的，农业规模经营应该主要依靠市场配置资源，依靠政府纠正“市场失灵”，结合自己的经济发展状况、自然条件、产业结构等实际情况，选择适合自己的规模经营模式③；谭淑豪等提出，若要减轻土地细碎化，需要兼顾效率与公平，权衡供给面和需求面的影响④；杨国玉和郝秀英认为，农业经营大户是农业规模经营的主要方式，应采取积极有效的措施促进农业经营大户的发展⑤；钱贵霞和李宁辉利用分组比较法、生产函数法以及最优规划模型等定量分析的方法，测算出最优户均耕地面积、最优劳均耕地面积以及最优劳动力数量⑥；邵晓梅认为取得较多收入的土地经营规模为0.67公顷⑦；曹建华等以山西、河南、安徽、江西、湖北及湖南中部六省数据为基础，得出最适土地经营规模为0.61～1.08公顷/户⑧；陈丹和唐茂华借鉴国外的基本经验认为中国农地规模经营须因地制宜、遵循农民意愿、探索多种流转形式、促进土地规范化流转⑨；史卫民也总结出国外在推进农地流转过程中注重农地流转与土地规模经营的关系，我国农地流转与规模经营也须因地制宜，加大政府推动和引导的力度，建立和完善多种流转方式，完善农地流转的法律体系⑩；石霞提出土地合作社是实现农业适度规模经营的有效方式⑪；王兴稳和钟甫宁提出，只有农户大幅度减少并实现永久性向城市移民，才能逐步改变农用地的不可替代性、就业保障功能

① 许庆，尹荣梁，章辉．规模经济、规模报酬与农业适度规模经营——基于我国粮食生产的实证研究．经济研究，2011（3）．

② 许月明．土地规模经营制约因素分析．农业经济问题，2006（9）．

③ 李相宏．农业规模经营模式分析．农业经济问题，2003（8）．

④ 谭淑豪，曲福田，尼克·哈瑞柯．土地细碎化的成因及其影响因素分析．中国农村观察，2003（6）．

⑤ 杨国玉，郝秀英．关于农业规模经营的理论思考．经济问题，2005（12）．

⑥ 钱贵霞，李宁辉．粮食生产经营规模与粮农收入的研究．农业经济问题，2006（6）．

⑦ 邵晓梅．鲁西北地区农户家庭农地规模经营行为分析．中国人口．资源与环境，2004（6）．

⑧ 曹建华，王红英，黄小梅．农村土地流转的供求意愿及其流转效率的评价研究．中国土地科学，2007（5）．

⑨ 陈丹，唐茂华．国外农地规模经营的基本经验及其借鉴．国家行政学院学报，2008（4）．

⑩ 史卫民．国外农村土地流转的经验与借鉴．经济纵横，2009（7）．

⑪ 石霞．适度规模经营：农村改革的“第二个飞跃”．中共中央党校学报，2008（6）．

与难以分割等性质[①]，进一步地，钟甫宁和王兴稳利用江苏兴化、黑龙江宾县两地8个村庄农民的实际田块分布图，通过模拟农民间农地交换以减轻农地细碎化的可能性，认为现阶段只有农户数量大幅度减少并实现永久性地向城市移民才能增加农民手中地块数以及土地面积，进而实现通过交换土地降低农地细碎化程度的目标[②]；钱忠好认为，基于家庭利益最大化的考虑，农户决策的结果是农户经营兼业化[③]；黄宗智和彭玉生认为，劳动和资本双重密集型的适度规模经营农户（家庭农场）更加符合中国人多地少的基本国情，是在现有城市化及土地流转水平下解决农业隐性失业、收入低下、产业升级困难等一系列问题的出路所在[④]。

总之，此阶段大部分将重点放在土地规模经营必要性的论述、规模经营的现状、评价标准、适度规模等方面上。已有的定量研究多以传统的 Cobb - Douglas 生产函数模型为主，研究视角仅从投入产出角度测算出粮食作物规模报酬的情况，或者仅从生产成本角度验证规模经济的存在性。从劳动成本角度，张红宇认为由于目前农民经营土地规模狭小，较少的土地承载较多的农业劳动力，相对于非农产业，农业的劳动生产率过低，因此经营规模的扩大有利于更有效地利用家庭劳动力，进而提高劳动效率[⑤]。对于农业经营规模“适度”性的探讨，黄延廷通过农地规模适度的静态分析及动态分析，提出较小的农地经营规模现状使得我们必须扩大农地规模经营，提高农业经营效益，但要防止农地规模过大经营，避免农地效率损失、农地浪费[⑥]；廖西元等（2011）认为由于我国社会经济发展的地域性差异，多种规模经营形式并存的格局将长期存在，规模经营从低级形式向高级形式发展是必然的历史过程[⑦]；进一步地，曾福生提出以专业农户为基础适度规模的精准农业是农业经营模式的主导模式，多种模式并存是现代农业经营模式的格局和演变趋势[⑧]；姜松和王钊利用 Cobb - Douglas 生产函数，得出土地流转对农业适度规模经营具有显著正向效应，但对农民增收具有显著负向效应，并

---

① 王兴稳，钟甫宁．土地细碎化与农用地流转市场．中国农村观察，2008（4）．

② 钟甫宁，王兴稳．现阶段农地流转市场能减轻土地细碎化程度吗？——来自江苏兴化和黑龙江宾县的初步证据．农业经济问题，2010（1）．

③ 钱忠好．非农就业是否必然导致农地流转——基于家庭内部分工的理论分析及其对中国农户兼业化的解释．中国农村经济，2008（10）．

④ 黄宗智，彭玉生．三大历史性变迁的交汇与中国小规模农业的前景．中国社会科学，2007（4）．

⑤ 张红宇．论当前农地制度创新．经济与管理研究，2005（8）．

⑥ 黄延廷．农地规模经营中的适度性探讨——兼谈我国农地适度规模经营的路径选择．求实，2011（8）．

⑦ 廖西元，申红芳，王志刚．中国特色农业规模经营“三步走”战略——从“生产环节流转”到“经营权流转”再到“承包权流转”．农业经济问题，2011（12）．

⑧ 曾福生．中国现代农业经营模式及其创新的探讨．农业经济问题，2011（10）．

且不同土地流转形式对农业适度规模经营与农民增收的影响存在差异。对于农地流转模式以及流转绩效评价的研究方法[①]，考虑了从经济、社会等几个方面来设计具体评价指标，如冯应斌等从农户收入角度展开[②]；岳意定和刘莉君从经济和社会两个维度展开[③]；在综合评价指数测算方法方面，王智新等（2013）提出了递阶多层灰色评价法[④]。

（3）最新研究进展：2014 年以后。

2014 年中共中央办公厅、国务院办公厅印发了《关于引导农村土地经营权有序流转发展农业适度规模经营的意见》明确提出，“伴随我国工业化、信息化、城镇化和农业现代化进程，农村劳动力大量转移，农业物资技术装备水平不断提高，农户承包土地的经营权流转明显加快，发展适度规模经营已成为必然趋势”，并且第一次在政策层面提出“三权分置”，此阶段相关政策演进如表 2－3 所示。

表 2－3　2014～2018 年中国农地流转与适度规模经营相关政策

年份	文件名称	主要内容
2014	中共中央、国务院关于全面深化农村改革加快推进农业现代化的若干意见	在落实农村土地集体所有权的基础上，稳定农户承包权、放活土地经营权，允许承包土地的经营权向金融机构抵押融资
2014	中央深改组第五次会议	促使承包权、经营权分离，形成所有权、承包权、经营权三权分置、经营权流转的格局
2014	关于引导农村土地经营权有序流转发展农业适度规模经营的意见	放活经营权，坚持所有权，稳定承包权
2015	关于加大改革创新力度加快农业现代化建设的若干意见	坚持和完善农村基本经营制度，坚持农民家庭经营主体地位，引导土地经营权规范有序流转，创新土地流转和规模经营方式，积极发展多种形式适度规模经营，提高农民组织化程度

① 姜松，王钊．土地流转、适度规模经营与农民增收——基于重庆市数据实证．软科学，2012（9）．

② 冯应斌，杨庆媛，董世琳等．基于农户收入的农村土地流转绩效分析．西南大学学报（自然科学版），2008（4）．

③ 岳意定，刘莉君．基于网络层次分析法的农村土地流转经济绩效评价．中国农村经济，2010（8）．

④ 王智新，梁翠．中国农村土地经营权流转绩效递阶多层灰色评价．林业经济，2013（7）．

续表

年份	文件名称	主要内容
2015	关于落实发展新理念加快农业现代化实现全面小康目标的若干意见	研究制定稳定和完善农村基本经营制度的指导意见
2016	关于完善农村土地所有权承包权经营权分置办法的意见	坚持农村土地集体所有权的根本地位、严格保护农户承包权、加快放活土地经营权、逐步完善“三权”关系
2016	关于稳步推进农村集体产权制度改革的意见	落实农民的土地承包权、宅基地使用权、集体收益分配权。维护进城落户农民土地承包权、宅基地使用权、集体收益分配权
2017	关于深入推进农业供给侧结构性改革、加快培育农业农村发展新动能的若干意见	落实农村土地集体所有权、农户承包权、土地经营权“三权”分置办法
2017	决胜全面建成小康社会夺取新时代中国特色社会主义伟大胜利	完善承包地“三权”分置制度；发展多种形式适度规模经营；第二轮土地承包到期后再延长三十年
2017	中华人民共和国农村土地承包法修正案（草案）	要在坚持农村土地集体所有的前提下，促使承包权和经营权分离，形成所有权、承包权、经营权三权分置，经营权流转的格局
2018	中共中央、国务院关于实施乡村振兴战略的意见	落实农村土地承包关系稳定并长久不变政策；全面完成土地承包经营权确权登记颁证工作；完善农村承包地“三权分置”制度；培育发展家庭农场、合作社、龙头企业、社会化服务组织和农业产业化联合体，发展多种形式适度规模经营

无论政界还是学界、中央部委还是地方基层，都清醒地认识到中国的农业问题很多，何秀荣认为，其主要根源是农业经营规模过小①。农业经营规模，在农业经济学范畴内，确切地是指微观层面上的农场经营规模（常称为“农场规模”），其中“农场”一词涵盖了农户、合作社、公司等各种从事农业的基本生产单位，即农户农场（国外常称为“家庭农场”）、合作农场、公司农场。其衡量指标采用投入指标（农地规模）与产出指标（一般采用销售额规模）。土地确权是土地流转的前提，中央从 2013 年开始准备用五年的时间基本完成农村土地

① 何秀荣．关于我国农业经营规模的思考．农业经济问题，2016（9）．

确权工作。当前农村土地存在权属不清、面积不准的情况，甚至少部分土地的权属关系还存在争议，这些都需要通过土地确权工作让农民吃上“定心丸”[①]。

强调农业适度规模经营，即过小和过大都是不可取的。规模太小不能吸引农民务农，引发诸多农业问题。规模过大虽给务农经营者带来可观收入（尤其是在补贴条件下），但从资源效率角度可能与高土地生产率的社会目标相悖，甚至会出现经营能力不足而亏损的情况。从社会公平角度，规模过大不符合农地稀缺国家中农地资源占用公平性的价值观（何秀荣[②]；朱前涛等[③]；李宽和曹珍[④]；陆文荣等[⑤]；孙葆春和牟少岩[⑥]）。当前衡量适度经营规模，其一是技术视角的适度规模，以求取最佳技术效率；其二是经济视角的适度规模，以求取最大经济收益或最佳经济效率。对这种“适度”的判断有时是有分歧的，因为不同利益相关者对适度规模的判断会不同，农民、政府等的关注目标时常不一致。值得注意的是，由于各地的社会经济水平、农业生产条件和水平是不同的，不同地区的适度农业经营规模应是不一样的；此外，适度规模是一个随着经济发展而变的动态概念。李灿（2017）利用本量利分析模型（costvolume - profit analysis，CVP），确定流转规模的盈亏临界点和最适度点，从而发现农地规模流转绩效的形成机理[⑦]。

关于农业规模经营与经济效率方面。陈杰和苏群以中央政策研究室和农业部基于全国农村固定观察点进行的年度调查数据为基础，在 Cobb - Douglas 生产函数的基础上，推导出更为适用的计量模型，得出粮食作物与经济作物的土地规模与土地生产率之间均表现出先升后降的倒“U”型关系[⑧]；郭贯成和丁晨曦以江苏省农户实地调查数据为基础，建立 Trans - log 函数，分别计算土地细碎化线性指标以及对数指标下各投入要素的产出弹性，土地细碎化对于粮食生产的规模报酬具有负影响，并且对不同地区的粮食产量存在正负两方面的影响，对土地细碎

---

① 曾福生．推进土地流转发展农业适度规模经营的对策．湖南社会科学，2015（3）．

② 何秀荣．关于我国农业经营规模的思考．农业经济问题，2016（9）．

③ 朱前涛，金莉，陈世杰．农村土地流转的公平与效率性分析——以“成都模式”为例．国土资源科技管理，2012（5）．

④ 李宽，曹珍．实践中的适度规模：基于村庄公平的视角——以上海松江区林村家庭农场为例．农村经济，2014（2）．

⑤ 陆文荣，段瑶，卢汉龙．家庭农场：基于村庄内部的适度规模经营实践．中国农业大学学报（社会科学版），2014（3）．

⑥ 孙葆春，牟少岩．家庭农场适度规模发展公平视阈的内涵及特点．改革与战略，2015（3）．

⑦ 李灿．土地流转背景下农地适度规模经营绩效形成机理分析——基于本量利（CVP）模型．经济地理，2017（11）．

⑧ 陈杰，苏群．土地流转、土地生产率与规模经营．农业技术经济，2017（1）．

化现象的负面效应给予更多重视[①]；卢华等认为研究土地细碎化问题的角度应该从地块规模经济角度出发，而不是农户经营规模视角，并且基于江苏省淮安、扬州和徐州三地农户调查数据，从投入产出和平均成本角度，得出农业生产存在规模报酬递增特征，土地细碎化通过改变要素的边际产出弹性而作用于整个农业生产系统，从而降低农作物产量。地块规模适度扩大有利于降低平均成本，地块规模每增加1个单位使平均成本下降8%[②]；吕挺等利用江苏金坛的调研数据，认为面积大的地块与面积小的地块在单产方面并无显著差异，但单位产品成本随地块面积增大而递减，大地块劳动成本更低，机械对劳动的低成本替代很难[③]；卢华和胡浩基于Sadoulet和de Janvry提出的农业家庭模型，以江苏省扬州市、淮安市和徐州市的农户实地调查数据为基础，得出辛普森指数对单位产量成本具有显著影响，单位产量成本随农户经营规模的扩大而减少，意味着在不增加地块数的情景下，存在实现规模经济的可能性[④]；此外，卢华和胡浩通过构建四个不同的随机前沿利润和非效率影响因素模型，得出土地细碎化和技术非效率存在显著的正相关关系，对农业生产利润的影响则显著为负，在不增加地块数的情况下，存在地块规模经济实现的可能性[⑤]；黄祖辉等以江西省2011年325户稻农783个水稻地块的投入产出微观数据为基础，运用随机前沿模型，得出发生土地流转的稻农的技术效率高于未发生土地流转的稻农，稻农土地细碎化程度越高，其技术效率越低[⑥]。尽管不同学者可能在定义、方法、指标、样本、数据等方面会有差异，但现实中确实存在农业经营规模与土地生产率的反向关系现象，经济研究的重要任务是通过解读现象，并从理论上解释为何小规模经营具有较高的土地生产率。

在扩大农业经营规模的途径上，政策上一直主张多种形式。从基层实践来看，虽然形式多样，包括近期兴起的托管代耕，但主要还是通过以下三种途径来

---

① 郭贯成，丁晨曦．土地细碎化对粮食生产规模报酬影响的量化研究——基于江苏省盐城市、徐州市的实证数据．自然资源学报，2016（2）．

② 卢华，胡浩，耿献辉．土地细碎化、地块规模与农业生产效益——基于江苏省调研数据的经验分析．华中科技大学学报（社会科学版），2016（4）．

③ 吕挺，纪月清，易中懿．水稻生产中的地块规模经济——基于江苏常州金坛的调研分析．农业技术经济，2014（2）．

④ 卢华，胡浩．土地细碎化增加农业生产成本了吗？——来自江苏省的微观调查．经济评论，2015（5）．

⑤ 卢华，胡浩．土地细碎化、种植多样化对农业生产利润和效率的影响分析——基于江苏农户的微观调查．农业技术经济，2015（7）．

⑥ 黄祖辉，王建英，陈志钢．非农就业、土地流转与土地细碎化对稻农技术效率的影响．中国农村经济，2014（11）．

实现的：一是农户间自发或有组织的土地流转；二是土地股份合作社的土地集中；三是工商企业的农地租赁[①]。从产权的角度看，不同规模经营形式呈现出承包农户与新型经营主体之间不同的权利分享关系。从发展的角度看，不同经营形式实现规模化经营的程度不同，正体现了规模经营发展的阶段性和渐进性。从实践的角度看，不同规模经营形式各有不同的适应环境，并无优劣之分[②]。洪名勇和龚丽娟提出要培育新的农地需求主体，促进农地有效流转和农地规模经营[③]。刘灵辉认为家庭农场既保留了农户经营的优势，又克服小农户经营的弊端，是未来中国农业微观经营组织的重要形式，并且农地流转是家庭农场土地集中的重要途径[④]。薛亮和杨永坤也认为家庭农场是今后商品农产品特别是粮食生产规模化经营的主要形式，将在构建新型农业经营体系中占重要位置[⑤]。田孟和贺雪峰提出土地流转有助于反土地细碎化，农户私下互换土地，虽没有改变农户原种植面积，但却可减少农民拥有的地块；土地出租、入股和租金入股等形式，使部分农民让渡土地，客观上可降低劳均土地面积，并且还有可能促成地块合并[⑥]。

2.1.2 国外研究综述

农地流转是农业适度规模经营的必要条件。Terry van Dijk 研究发现土地流转市场可以解决土地细碎化；同样地，Tesfaye 等研究指出土地流转能推动规模经济和效率的提高[⑦]；Adamopoulos 和 Restuccia 利用世界农业普查的可比性数据计算出在最贫穷的 20% 国家的平均农场规模为 24 亩，最富有的 20% 国家的平均农场规模为 811.5 亩，在最贫穷的国家中，小于 2 公顷的农场占了 70% ，几乎不存在超过 20 公顷的农场[⑧]；Tan 等认为中国在农村地区面临着最为严峻的土地

① 何秀荣．关于我国农业经营规模的思考．农业经济问题，2016（9）.

② 赵鲲，刘磊．关于完善农村土地承包经营制度发展农业适度规模经营的认识与思考．中国农村经济，2016（4）.

③ 洪名勇，龚丽娟．培育新的需求主体　促进农地流转．农业经济，2016（2）.

④ 刘灵辉．农地自由流转下家庭农场土地适度规模化研究．西北农林科技大学学报（社会科学版），2015（2）.

⑤ 薛亮，杨永坤．家庭农场发展实践及其对策探讨．农业经济问题，2015（2）.

⑥ 田孟，贺雪峰．中国的农地细碎化及其治理之道．江西财经大学学报，2015（2）.

⑦ Tesfaye T. and Adugna L. Factors Affecting Entry Intensity in Informal Rental Land Markets in the southern Ethiopian. Agricultural Economics，2004，9（30）：117－128.

⑧ Adamopoulos T，Restuccia D. The Size Distribution of Farms and International Productivity Differences. Working Papers，2014，104（6）：1667－1697（31）.

细碎化现象①。关于规模报酬情况国外学者侧重于从投入产出角度进行研究，农地是否具有规模经济性的争论一直存在。Carter 和 Wiebe 以肯尼亚农户数据为基础，得出无论是每英亩农业产值还是农业净收入（不包括劳动力成本），都与土地规模呈“U”型关系②；Chen 等得出中国农业生产具有规模报酬不变特征③；Townsend 等对南非西开普省葡萄生产研究表明，全要素生产率与土地面积无显著关系④。

从产出角度，一方面国外研究认为土地细碎化有利于提高农业效率，规模经营并没有提高农业效率。农业生产中的农地经营规模和土地生产率之间的反向关系（inverse relationship，IR）这一观点，首先由 Chayanov 在考察俄罗斯的农业生产中发现，自此农业生产存在规模经济性的传统认识受到了挑战。关于土地细碎化的衡量指标，部分学者采用辛普森指数（Simpson's index）方法（Wu et al. ⑤；Tan et al. ⑥）。Carter 以印度哈里亚纳邦 1969 ~ 1972 年 376 户农户的农业生产数据为基础，通过线性回归结果得出土地规模增加一倍，每公顷产量下降 40% ，同时利用 Heckman 条件方程消除非随机取样导致的样本偏差后的方程系数与原方程一致，消除了样本选择偏误影响⑦；Johnson 等在几个进行扩大生产规模的试验区，尚未发现成本水平可以低到家庭生产水平的证据，农场平均规模上升并不意味着存在规模经济⑧；Feder 等⑨和 Yang 等⑩认为粮食生产中几乎不存在显著的规模经济；Kalirajan 和 Huang 以广东、江西、四川、山东和吉林 5 省的农户谷物

① Tan S, Heerink N, Qu F. Land fragmentation and its driving forces in China. Land Use Policy, 2006, 23 (3): 272 - 285.

② Carter M. R. , Wiebe K. D. Access to capital and its impact on agrarian structure and productivity in Kenya. American Journal of Agricultural Economics, 1990, 72 (5): 1146 - 1150.

③ Chen Z. , Huffman W. E. , Rozelle S. Farm technology and technical efficiency: Evidence from four regions in China. China Economic Review, 2006, 20 (2): 153 - 161.

④ Townsend R. F. , Kirsten J. , Vink N. Farm size, productivity and returns to scale in agriculture revisited a case study of wine producers in South Africa, 1998, 19 (1 - 2): 175 - 180.

⑤ Wu Z. P. , Liu M. Q. , Davis J. Land consolidation and productivity in Chinese household crop production. China Economic Review, 2005, 16 (1): 28 - 49.

⑥ Tan S. , Heerink N. , Kruseman G. , et al. Do fragmented landholdings have higher production costs? Evidence from rice farmers in Northeastern Jiangxi province, P. R. China. China Economic Review, 2008, 19 (3): 347 - 358.

⑦ Carter M. R. Identification of the inverse relationship between farm size and productivity: An empirical analysis of peasant agricultural production. Oxford Economic Papers, 1984, 36 (1): 131 - 145.

⑧ Johnson D. G. Does China have a grain problem? China Economic Review, 1994, 5 (1): 1 - 14.

⑨ Feder G. , Lau L. J. , Lin J. Y. , et al. The determinants of farm investment and residential construction in post - reform China. Economic Development & Cultural Change, 1992, 41 (1): 1 - 26.

⑩ Yang D. T. Knowledge spillovers and labor assignments of the farm household, 1994.

生产调查数据为基础，得出农户在进行水稻、小麦和玉米生产时，只有 12%、8% 和 6% 的种植者是经济有效的，并分析指出可以通过土地整合的方式而非细分现有经营规模的方式提高粮食产量①；Johan 等认为由于政府对大规模农场的补贴与贷款支持，因此在农业生产中观察到的规模经济可能是虚假的②；Niroula 和 Thapa 认为土地细碎化带来的多元种植有利于农作物同当地气候和土壤类型相匹配，在劳动力短缺、自然灾害和干旱持续发生地区还能有效分散市场和自然的双重风险，提高农业总产量③；Sikor 等研究也认为土地细碎化能够增加粮食产量，至少不会产生负面影响④。

另一方面，部分学者认为土地细碎化不利于提高农业效率，肯定了规模经营对农业生产的积极影响。Fleisher 等基于 1987 年和 1988 年两年的农户调查数据对我国的土地细碎化问题展开研究，通过重新估算粮食作物的柯布—道格拉斯生产函数发现，当地块数由 4 块减少为 1 块时，粮食全要素生产率可提高 8%⑤；相似地，Nguyen 等以水稻、小麦和玉米的生产力为研究对象，利用柯布—道格拉斯生产函数，发现平均地块面积与作物产量存在正相关关系⑥；Byiringiro 和 Reardon 得出农地经营规模与劳动生产率之间呈正向关系⑦；Wan 和 Cheng 得出土地细碎化降低了农业产出水平，若消除土地细碎化，我国粮食产量每年将增加 7140 万吨⑧；Jha 等对两村庄所有农户进行了为期五年以上的持续跟踪，发现农作物产量与地块数之间存在显著的负相关，平均地块规模的系数为正⑨；Khalil

---

① Kalirajan K. P., Huang Y. An alternative method of measuring economic efficiency: The case of grain production in China. China Economic Review, 1996, 7 (2): 193 - 203.

② Johan Van Zyl, Andrew N. Parker, Bill R. Miller. The myth of large farm superiority: Lessons from agricultural transition in poland. Journal of Policy Reform, 2000, 3 (4): 353 - 372.

③ Niroula G. S., Thapa G. B. Impacts and causes of land fragmentation, and lessons learned from land consolidation in South Asia. Land Use Policy, 2005, 22 (4): 358 - 372.

④ Sikor T., Müller D., Stahl J. Land fragmentation and cropland abandonment in Albania: Implications for the roles of state and community in post - socialist land consolidation. World Development, 2009, 37 (8): 1411 - 1423.

⑤ Fleisher B. M., Liu Y. H. Economies of scale, plot size, human capital and productivity in Chinese agriculture. Quarterly Review of Economics and Finance, 1992, 32 (3): 112 - 123.

⑥ Nguyen T., Cheng E. J., Findlay C. Land fragmentation and farm productivity in China in the 1990s. China Economic Review, 1996, 7 (2): 169 - 180.

⑦ Byiringiro F., Reardon T. Farm productivity in Rwanda: effects of farm size, erosion, and soil conservation investments. Agricultural Economics, 1996, 15 (2): 127 - 136.

⑧ Guang H. Wan, Enjiang Cheng. Effects of land fragmentation and returns to scale in the Chinese farming sector. Applied Economics, 2001, 33 (2): 183 - 194.

⑨ Jha R., Nagarajan H. K., Prasanna S. Land fragmentation and its implications for productivity: Evidence from southern India. Asarc Working Papers, 2005.

和 Gholamhossein[①]、Tan 等[②]认为随着劳动成本的不断上升，机械替代劳动已成趋势，需较多劳动投入以及不利于机械作业的较小地块很可能会因生产成本较高而被抛荒，因此，土地细碎化降低了土地生产效率和劳动生产率，不利于农业生产；Tchale[③] 和 Alexander 等[④]研究发现农地生产细碎分割是提高农地产出效率的最大障碍。

对于技术效率与农地规模，Bagi 将美国田纳西州西部从事纯种植业的农户按大小分组，利用随机前沿生产函数测算平均技术效率，结果得出两组农户的技术效率相同[⑤]；但 Bagi 和 Huang 利用超越对数生产函数测算出农户个体层面的技术效率，结果得出大农户比小农户有更高的技术效率[⑥]；Helfand 和 Levine 利用 DEA 分析法，得出土地规模与技术效率之间是“U” 型关系[⑦]；Rahman 研究认为，土地细碎化会带来农业生产技术效率损失[⑧]。

从投入角度，Zhang 等研究表明，由于土地细碎化的存在，须拿出一部分土地划分边界用以明晰各自的地块，浪费了我国农地有效面积的 5% ~10%[⑨]；相似地，Haji[⑩] 和 Tan 等[⑪]认为小规模分散地块造成许多工作时间浪费在来往于各个地块之间，地块的边界和田埂造成土地浪费，运输中的要素泄漏和蒸发也

---

① Khalil K., Gholamhossein A. Factors affecting agricultural land fragmentation in Iran: A case study of ramjerd sub district in Fars Province American. Journal of Agricultural and Biological Science, 2008, 3 (1): 358 - 363.

② Tan S., Heerink N., Kuyvenhoven A., et al. Impact of land fragmentation on rice producers' technical efficiency in South - East China. Scientia Agricultura Sinica, 2010, 57 (2): 117 - 123.

③ Tchale. The efficiency of small holder agriculture in Malawi. African Journal of Agricultural and Resource Economics, 2009, 17 (3): 101 - 121.

④ Alexander Woestenburg, Erwin van der Krabben, Tejo Spit. Institutions in rural land transactions: Evidence from the Netherlands. Journal of European Real Estate Research, 2014, 7 (2): 216 - 238.

⑤ Bagi F. S. Relationship between farm size and technical efficiency in west Tennessee agriculture. Journal of Agricultural & Applied Economics, 1982, 14 (2): 139 - 144.

⑥ Bagi F. S., Huang C. J. Estimating production technical efficiency for individual Farms in Tennessee. Canadian Journal of Agricultural Economics, 1983, 31 (2): 249 - 256.

⑦ Helfand S. M., Levine E. S. Farm size and the determinants of productive efficiency in the Brazilian center - west. Agricultural Economics, 2004, 31 (2 - 3): 241 - 249.

⑧ Rahman S., Rahman M. Impact of land fragmentation and resource ownership on productivity and efficiency: The case of rice producers in Bangladesh. Land Use Policy, 2009, 26 (1): 95 - 103.

⑨ Zhang L. X., Huang J. K., Rozelle S., et al. Land policy and land use in China 1997.

⑩ Haji J. Production efficiency of smallholders' vegetable - dominated mixed farming system in Eastern Ethiopia: A Non - Parametric Approach. Social Science Electronic Publishing, 2007, 16 (1): 1 - 27.

⑪ Tan S., Heerink N., Kruseman G., et al. Do fragmented landholdings have higher production costs? Evidence from rice farmers in Northeastern Jiangxi province, P. R. China. China Economic Review, 2008, 19 (3): 347 - 358.

造成资源浪费，较小规模也阻碍了农业机械的采用和农田基础设施建设，无法有效分摊劳动力和农业机械等要素投入，在加大成本投入的同时也影响了生产效率，降低了粮食综合生产能力；Wu 等基于地块整合视角的研究表明，农地细碎化并未显著地影响农业产出，但降低农地细碎化程度可减少劳动力平均投入水平[①]；Tan 等研究发现，每增加一亩地种植面积，就能使每单位生产成本降低 1.4%[②]；Manjunatha 等建立 Cobb – Douglas 生产函数运用最大似然估计法的结果表明，土地细碎化会增加农业生产的额外成本，如农地损失、投入浪费、路途上的时间增加、劳动力工作时间的损失、灌溉设备的覆盖率增加等，因此拥有细碎化土地农户的生产效率显著低于只拥有一块土地农户的生产效率[③]。

国内近两年关于土地适度规模经营的研究。在理论研究方面，于传岗、秦致伟提出界定中国发展适度规模经营农业七条标准，从农业要素配置的次优均衡、保障社会充分就业、走外生型适度规模经营、传承乡村文明等方面，最终科学地回答了“什么是中国式适度规模经营农业”及其存在的实践依据[④]。罗丹、李文明和陈洁基于 3063 个种粮户问卷调查数据，采用 Translog 和 C – D 生产函数构建农户投入产出模型和农户生产利润模型，从产出和利润两个维度对我国粮食生产经营的规模效应进行了实证研究，并且得出在不考虑家庭用工成本和自营地折租时，土地产出率和成本利润率在土地经营面积达到一定规模后均呈现明显下降趋势。从粮食生产整体层面的经济效益来看，农户粮食种植的适度规模在 150 ~ 200 亩之间[⑤]。李练军运用 Logistic 回归模型，借鉴柯布—道格拉斯生产函数，对粮食主产区水稻适度规模经营意愿影响因素进行了实证分析。从加快土地流转、提升农户素质、破解融资“瓶颈”和分区分类推进适度规模经营四个方面提出了相关对策，认为要加快土地流转，扩大土地经营规模，创造适度规模经营前提条件；加强教育培训力度，提高农户职业素养，培养适度规模经营职业队伍；扩大

---

① Wu Z. P. , Liu M. Q. , Davis J. Land consolidation and productivity in Chinese household crop production. China Economic Review, 2005, 16 (1): 28 – 49.

② Tan S. , Heerink N. , Kruseman G. , et al. Do fragmented landholdings have higher production costs? Evidence from rice farmers in Northeastern Jiangxi province, P. R. China. China Economic Review, 2008, 19 (3): 347 – 358.

③ Manjunatha A. V. , Anik A. R. , Speelman S. , et al. Impact of land fragmentation, farm size, land ownership and crop diversity on profit and efficiency of irrigated farms in India. Land Use Policy, 2013, 31 (31): 397 – 405.

④ 于传岗，秦致伟. 关于中国式适度规模经营农业界定标准探析. 农业经济，2017 (2).

⑤ 罗丹，李文明，陈洁. 粮食生产经营的适度规模：产出与效益二维视角. 管理世界，2017 (1).

融资渠道，改善粮食补贴模式，克服适度规模经营资金“瓶颈”；充分考虑地区差异，区分不同的地域类型，分区分类推进适度规模经营[①]。钟涨宝、聂建亮认为，土地承包关系长期化导致家庭人均土地占有量的不均衡，同时农村中分家习俗造成了土地的琐碎化，而家庭人均土地占有量的减少将进一步加速土地的琐碎化，进而使农民种粮增收的空间进一步缩减[②]。秦作霞、殷海善和安祥生根据我国 30 年来人地关系变迁的历史和未来人口城市化高峰期农村人地关系发展的初步展望，认为我国农村土地规模经营可以户均土地 1.0～1.5 公顷的规模为参考目标，户均土地规模扩大 2～3 倍，发展中等规模农户（即新中农），实现初步适度规模经营，同时指出了实现土地适度规模经营的保障措施[③]。李灿认为土地流转和适度规模经营是发展现代农业的必由之路，其目的在于通过规模流转绩效提升来促进农业增效和农民增收，对农地规模流转绩效产生原理的研究具有非常重要的意义。基于本量利分析模型，规模经营净收益与流转规模、产量、价格、变动性成本、固定性成本五个变量之间具有确定的函数关系，并可以此模型来确定流转规模的盈亏临界点和最适度点，从而发现农地规模流转绩效的形成机理[④]。陈杰、苏群从土地生产率视角出发，利用 2010 年全国农村固定观察点数据实证检验了小麦、稻谷、玉米及大豆土地生产率与土地规模之间的关系，他们研究发现，从全国范围来看，小麦土地生产率与土地规模之间呈现出先升后降的倒“U”型关系，稻谷土地生产率与土地规模之间呈反向关系，玉米与大豆的土地生产率与土地规模之间可能存在线性的正向关系[⑤]。

在地区的案例分析方面，蒋永甫、张小英通过对广西龙州模式的案例分析，认为在家庭联产承包责任制下，可以通过发挥家庭的主体作用，运用协商、谈判、“一事一议”等民主方式实现农地流转方式创新，即通过耕地置换的方式，“小块并大块”，为农业适度规模经营提供另一种切实可行的路径[⑥]。王嫚嫚、刘

① 李练军．粮食主产区水稻适度规模经营意愿影响因素研究——基于江西省 7 县 428 个水稻种植户的调查．中国农业资源与区划，2017（12）.

② 钟涨宝，聂建亮．论农地适度规模经营的实现．农村经济，2010（5）.

③ 秦作霞，殷海善，安祥生．目前农村土地适度规模经营的任务与实现途径探讨．中国农业资源与区划，2016（12）.

④ 李灿．土地流转背景下农地适度规模经营绩效形成机理分析——基于本量利（CVP）模型．经济地理，2017（11）.

⑤ 陈杰，苏群．土地生产率视角下的中国土地适度规模经营——基于 2010 年全国农村固定观察点数据．南京农业大学学报（社会科学版），2016（6）.

⑥ 蒋永甫，张小英．农民主体与农业适度规模经营的另一种路径选择——基于广西龙州模式的案例分析．中共福建省委党校学报，2016（7）.

颖和陈实通过对江汉平原354个水稻种植户的调研数据，分别从产出水平、产出利润以及生产成本三个方面研究了水稻的适度规模经营问题，从而得出在考虑土地细碎化和耕地地力的影响后，目前生产模式下江汉平原水稻生产规模报酬不变，且不存在规模经济现象，但经营规模大的农户“理性经济人”特征表现得更明显①。汤建尧、曾福生基于湖南省的案例，研究了农地适度规模经营的类型和实现形式，分析了企业、合作社和大户等三类农地适度规模经营主体的绩效，并针对各自劣势提出了改进措施②。熊鹰、陈春燕和李晓在对四川省邛崃市粮食生产适度规模经营的实践总结基础上，从新古典经济学视角分析其内在机理，表明邛崃市粮食生产适度规模经营具有土地规模经济性和服务规模经济性，由此得出一些有益的启示并提出相应的建议③。张星等选择江苏省睢宁县姚集镇为对象，从自然质量、空间形态、区位条件三个方面对镇域内6947个耕地图斑的规模经营适宜性开展评价，结合GIS软件对适宜性空间格局进行热点分析，依据耕地空间集聚的置信水平对规模经营适宜性精确分区。将该镇内耕地可划分为重点优势区、普通保留区、低效调控区。他们认为该镇重点优势区可大力开展规模经营，普通保留区应实施土地整治、适度挖掘规模经营潜力，低效调控区应严格控制规模经营④。

以上研究从理论到实践对农地适度规模进行了分析，但多集中于全国的宏观方面，对于欠发达地区，特别是贵州地区的分析还欠缺。贵州作为西南地区重要的粮食产区，土地要素的合理配给将增加家庭的收入，推进农村乡村振兴的发展。本书选取推进贵州农地适度规模经营面临的问题与对策研究，通过基于农业劳动生产率与农业人均耕地面积之间的关系，测算出目前贵州省的最优人均播种规模，并处于规模报酬递增的阶段；通过二次指数平滑法预测农地经营规模达到最优规模所需的时间，从而给贵州省农地规模经营的发展提供参考和建议。

---

① 王嫚嫚，刘颖，陈实．规模报酬、产出利润与生产成本视角下的农业适度规模经营——基于江汉平原354个水稻种植户的研究．农业技术经济，2017（4）．

② 汤建尧，曾福生．经营主体的农地适度规模经营绩效与启示——以湖南省为例．经济地理，2014（5）．

③ 熊鹰，陈春燕，李晓．粮食生产适度规模经营的实践与内在机理分析——基于四川省邛崃市的调查．农村经济，2016（7）．

④ 张星，汪应宏，陈浮，张敏，钱勇．区域农地规模经营适宜性及精确分区研究——以江苏省睢宁县为例．江苏农业科学，2018（6）．

2.2 农业适度规模经营的研究标准和依据

2.2.1 农业适度规模经营的一般标准

农业经营分为规模经济和规模不经济，农业适度规模经营是指在一定的自然环境和经济条件下，农业各生产要素通过最优的组合和有效的运作而得到的最佳生产规模，即最佳的规模经济。农地是农业经营不可替代的土地要素，因此农业规模经营主要指的是农地的规模经营。衡量农业适度规模经营的一般标准有以下几点。

第一，农业适度规模经营界定的载体是农地经营面积，农地适度规模经营的普遍标准是生产要素的匹配度。农业经营生产要素匹配不仅包括劳动、资本和土地的合理投入，而是要求三者之间协调和动态地调整。例如，就单个农村家庭而言，假设一家只有两个劳动力投入农业生产 ，利用自家的传统种植工具种植 10 亩农地，只要充分实现劳动力与土地之间、劳动力与资金之间和土地与资金之间的最优规模，那么就可以说该户农户家庭的农地规模达到了适度规模经营。相反地，拥有大型农业机械的大型农业企业，如果其采取粗放的经营土地，就是规模不经济。因此，农地经营面积大小并不是界定农地适度规模经营的唯一标准，各农业生产要素投入量达到最优的农地产出是决定农地适度规模经营的内在标准。因此，对于农地适度规模经营的考量，不仅要考虑农地规模扩大到何种程度，还要考虑不同经营主体的不同。不论经营主体在农地经营面积上有何种差异，只要实现在单位面积上的各生产要素的合理配置，达到了最大的农地产出，就是适度规模经营。

第二，衡量适度规模经营的表面特征是生产工具先进性，但是农业各生产要素边际报酬趋同才是农业适度规模经营的界定标准。对于美国而言，其农业特征是人少地多，适合大型农业机械化耕种；对于日本而言，其农业存在着农业从业人员少，土地也稀缺的问题，农业耕种适合家庭农场的模式；对于科技发达的以色列，其农业科技先进，适合农业智力协作型的耕种方式。这三种类型的农业经营技术和劳动效率之间存在着差异，但是这种根据自身情况采取不同的农业耕种模式，都遵循了农业生产各要素的边际报酬趋同的原理。中国的国情决定了中国不同地区农业适度规模经营采取的方式不同。中国农业的发展极不平衡，农业技术存在着先进与落后并存，在耕种方式上存在着传统化与现代化并存等问题。但是根据边际报酬趋同原理，只要我国不同地区、不同的农业经营主体在农业生产要素效率上遵循各要素边际报酬趋同的原理，那么就可实现农业适度规模经营。

第三，城乡居民的收入均衡是界定农业适度规模经营的标准，利润最大化只是衡量农业适度规模经营的表面现象。在现代农业生产中，农业规模经济多出现与农业劳动力相对短缺等农业企业之中，农业要素的资本化决定了农业经营不可避免地以利润最大化为目标，忽视了城乡收入分配的公平问题，影响了农村的经济发展，反而会影响农业适度规模经营。农业土地资源的稀缺性，决定了土地不能无限制供给。随着农业人口向非农业转变，农业土地的流转可以实现农业的规模经营。虽然农业规模经营遵循利润最大化，但是农业人口转移速度低于农地流转速度，那么坚持追求农业规模化经营不仅不会实现城乡收入的均衡化，还会导致收入分配差距的扩大，从而难以实现农业的规模化经营。农业适度规模经营的目的在于避免农地流转过快导致规模不经济的出现，导致乡村的两极分化，只有让农地规模经营增加的速度与农村劳动力和农村人口转移的速度同步，才能形成良好的城乡居民收入同步增长的长效机制。

2.2.2 中国式农业适度规模经营的依据

我国的农地国情不同于其他国家，对于我国农业适度规模经营，我们称为中国式的农业适度规模经营，主要基于以下几点因素。

第一，中国式农业适度规模经营是农业生产要素的次优化配置。西方发达国家农业的规模经营体现了既定技术条件下的各生产要素规模报酬的均衡化，而中国农业在追求农业各生产要素规模报酬均衡化的同时，由于中国农业发展被人地矛盾和我国城乡二元制度限制，目前，中国还没有实现真正的农业各生产要素的市场化配置和最优的生产组合。由于城乡之间的二元制度，农业生产要素配置和利益的双轨制得到加强，同时也固化了农业发展中的人地矛盾。从而，城乡各生产要素市场化的边际报酬趋同机制不能实现，并且我国的农业劳动力边际报酬长期低于资本的边际报酬，最终导致农业各生产要素配置与规模经营之间产生非均衡的状态。这种状态反映在农业规模经营上就产生了农业适度规模经营政策。

第二，中国式的农业适度规模经营的最终目的在于实现社会的充分就业。中国发展农业适度规模经营的目的与国外不同，中国的发展目标以增加农民收入、增加农民就业为主。西方国家的农业机构不承担充分就业的责任，其实现农业规模经营的目的是以农业经营利润的最大化和城乡之间居民收入的均衡化。我国目前还处于发展中国家，发展农业适度规模经营主要源于农民对于资金和技术的短缺，以及农地的供给达不到最优人均规模，从而发展适度规模经营一方面可以扩大农地的经营规模，另一方面可以寻求资本和技术带来的规模经济。我国目前提出的农业适度规模经营而不是规模经济，其目的就是缓解就业压力，保障民生的问题。因此，从我国长远发展来看，农业人口还是占有很大的比例，缓解农民就业压力要求农业发展必须遵循适度规模经营。

第三，外生型农业现代化与中国式的农业适度规模经营是相互兼容的。农业现代化有两种模式：一种是经营者由于自身需要购买现代化生产要素形成的内生型；另一种是经营者租赁现代生产要素形成的外生型。外生型的现代化经济模式不适合中国现阶段农业人多地少的国情，而内生型则恰好相反，与中国的现阶段的农情相适应。因此，中国的农业现代化演化路径应该遵循内生型的路径，而不是外生型的路径，即通过租赁、流转现代农业的各个生产要素实现农业生产经营的现代化。目前，可以通过各种农业服务公司、合作社的发展推动小农经营走上规模化发展的道路，这主要有“家庭农场 + 农户”“合作社 + 农户”“企业 + 农户”等混合经营模式实现农业生产经营的适度规模经营。

第四，中国式的农业适度规模经营蕴含了中国传统农业社会的职能。西方国家农业适度规模经营遵循市场配置生产要素，而中国农地流转不全是以市场为导向的，乡村邻里、亲缘远近之间的关系对其有很大的导向作用。在农村土地流转中，农地流转对象不是优先考虑最优的经营者，而是最先向家族之间、宗族之间和邻里之间流转，在有的时候流转可以忽略农地流转的经济效益，因而导致中国渐进式的农业经营规模发展模式。中国式的农业适度规模经营是现代农业和传统农业的结合，一方面，农业适度规模经营吸取了现代农业经营的经验，产生了一大批专业农户、种田大户和家庭农场；另一方面，继承了传统的农业精耕细作。

2.2.3　中国式农业适度规模经济发展的必要依据

中国式的农业展现了经营方式和生产力的多样性。西方国家农业是高度一致性和趋同的，而中国农业的发展目前还处于传统农业向现代农业过渡期，处于农业经营现代化和传统化并存的状态，因而在生产力水平上与西方国家有显著的差异。一方面，中国的农地规模经营发展水平是极不平衡的。部分发达地区现代农业、都市农业发展水平达到了发达国家的水平，部分处于偏远山区的地区还处于传统的刀耕火种、“靠天吃饭”的小农经营模式。另一方面，农业规模经营呈现多样化。传统的小农经营依旧从事着劳动密集、小规模的传统耕种模式，而新型的农业组织也在逐步发展。目前在新型的农业经营组织中，主要是以种田大户的家庭农场居多，农业合作社相对较少，最少的是农业涉农企业。

中国农业规模经济的土地流转中离不开政府的推动作用。从目前来看，农地规模化经营和农地大规模流转的主要推动者是地方政府。政府对于农地的流转控制起到主导作用，农地的流转受到村集体和政府部门的影响，农地是否可以流转、怎样流转、流转给谁，这些权益又受到相关的村委、乡、县等部门的主导，并且要符合相关的法律法规。实际上，新型农业组织的形成和发展受到的政府干预的作用大于市场力量。

中国式的农业适度规模经营“三权分置”是在家庭承包经营的基础上衍生的，农地所有权、承包权和经营权的分离是农地配置的新常态。由于中国农地资源配置在改革开放以来实施的家庭承包责任制，农地适度规模经营的发展要求农地流转，承包权和经营权的分离有助于农地流转，从而农地“三权分置”在农地适度规模发展下应运而生。

中国式的农业适度规模经营目前仍然是一个长期的过程，一方面，随着城市化的发展，距城市近的农村，相对而言非务农就业比例高，农业经营规模所占的比重较大，距离远的农村很难形成农业大规模经营，农地规模经营形成了以城市为中心和以乡村为外围的分布格局；另一方面，偏远地区的农村农民依旧主要以农业种植为主要家庭收入来源，存在严重的劳动力剩余，土地稀缺。因此，目前我国的农地适度规模经营应该根据不同地区的现实情况，制定不同的农村经营规模政策。

2.3 农地流转与规模经营领域的演化特征

本节数据来源于中国学术期刊出版总库（CNKI）中，鉴于CNKI总库中期刊数量多，且期刊水平有较大差距，因此选择核心期刊、CSSCI及CSCD为来源期刊。本节首先以“农地流转”为主题，并含关键词“规模经营”或者“适度规模”，分别检索出 60 篇、5 篇；或者以“土地流转”为主题，并含关键词“规模经营”或者“适度规模”，分别检索出 205 篇、21 篇，进一步剔除重复文献，最终保留了 255 篇文献作为研究样本，检索时间为 2018 年 10 月 26 日。

利用 Citespace 梳理 1995 ~ 2018 年农地流转与规模经营领域的演化特征，如图 2 - 1 所示，该研究领域有 4 个主要聚类。

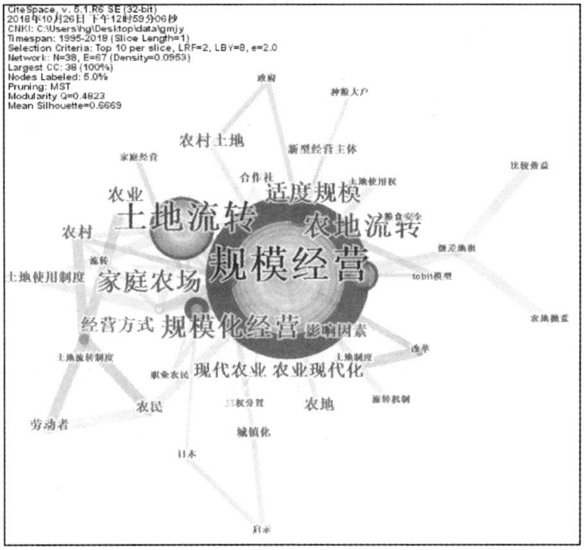

图 2 - 1　1995 ~ 2018 年农地流转与规模经营领域研究关键词图谱

2.3.1 （改革）聚焦于农地规模经营模式、实现形式、家庭农场、合作社发展等方面

梁红卫认为农民专业合作社进行农地流转，得到国家政策的大力扶持，并且程序规范、透明，农民收益大、风险小，是当前实现农地流转的理想平台[①]；高强等认为，日本在农地制度改革方面不断修订完善相关法律，并创新设立了一系列农业政策，这些改革措施对于促进中国土地流转与规模经营具有重要的现实意义[②]；刘同山等通过土地租赁型、农户合作型和统一服务型三种规模经营途径对比分析，认为无论是在提高农民收益、保障粮食安全上，还是在防止农民失地成

① 梁红卫．基于农民专业合作社的农地规模经营模式探讨．经济纵横，2010（4）．

② 高强，孔祥智．日本农地制度改革背景、进程及手段的述评．现代日本经济，2013（2）．

为城市流民上，以“土地托管”为代表的统一服务型规模经营都是较优的路径选择①；文明、塔娜认为应在集体组织内部优先流转的原则下，建立健全农村牧区土地流转的服务及监管体系，并通过积极培育新型经营主体等途径实现农牧业适度规模经营②；张文雄认为鼓励和支持承包土地向专业大户、家庭农场和农民合作社流转对发展我国农业现代化具有重要的意义③；王勇等认为解决当前耕地流转中的“非粮化”问题，应当优化粮食生产布局、稳定和完善种粮补贴政策、细化农地利用类型、提供信贷和农业保险等方面的支持④；宋亚平认为中国的小农生产方式虽然给人一种原始、落后、碎片化、低效率的感觉，但实际上非常有效地解决了巨大的就业压力，支持了工业化、城市化建设进程，保障了13亿人口的农产品供给，维护了国家的安全与社会的稳定⑤；孔伟娟等认为土地流转合作社的发展要警惕“圈地”“非粮化”“一刀切”等现象的发生，更要保障农民的土地承包经营权，不同地区应遵循自身实际，探索出属于当地发展的土地流转合作社⑥；李有学认为规模经营被认为是实现农业现代化的唯一出路，这种思想在土地流转的政策鼓励下逐渐演变为土地经营方式的变革热潮，但是规模经营的实际效果却表明规模经营不会必然导向农业现代化，农业现代化发展需要与我国工业化与城镇化发展相适应，需要探索一条更加注重农业质量的发展道路⑦；薛亮、杨永坤认为家庭农场是今后农产品特别是粮食生产规模化经营的主要形式，将在构建新型农业经营体系中占重要位置⑧；郭梅枝认为工业化、城镇化和农业现代化（简称“三化”）协调科学发展对提高农业现代化水平、扩大农业经营规模、提升农业综合生产能力、实现共同富裕具有重要作用⑨；胡亦琴认为土地流转是农村劳动力大量非农转移的必然，是土地资本商品化经营的选择，是规模经营的要求，也是农业产业结构调整的需要⑩；曾福生认为农业适度规模经营的形成是一个土地相对集中的过程，要达到土地流转与相对集中的目的，关键在于调

---

① 刘同山，孔祥智．土地规模经营的实现形式及其比较．现代管理科学，2013（6）.

② 文明，塔娜．内蒙古农村牧区土地流转问题研究．内蒙古社会科学（汉文版），2015（2）.

③ 张文雄．以家庭农场为依托推进农业现代化．宏观经济管理，2013（7）.

④ 王勇，陈印军，易小燕，肖碧林．耕地流转中的“非粮化”问题与对策建议．中国农业资源与区划，2011（4）：13-16.

⑤ 宋亚平．规模经营是农业现代化的必由之路吗．江汉论坛，2013（4）：5-9.

⑥ 孔伟娟，李忠旭．土地流转合作社发展的实践与理论思考．农业经济，2013（12）.

⑦ 李有学．规模抑或质量：中国农业现代化发展道路的迷思．兰州学刊，2013（6）.

⑧ 薛亮，杨永坤．家庭农场发展实践及其对策探讨．农业经济问题，2015（2）.

⑨ 郭梅枝．“三化”协调发展视角下河南农业适度规模经营路径选择．农业经济，2013（3）.

⑩ 胡亦琴．我国农村土地流转制度创新与绩效分析．经济学动态，2003（3）.

整与改革现行的农地制度[①]；廖长林、熊桉通过湖北省种植业新型经营主体，认为目前湖北省新型主体发展较快，但发展层次和质量不高，土地流转的障碍、农业基础设施的薄弱制约了规模经营发展的潜力，新型主体发展急需的融资、保险服务滞后；政府的财政支农政策尚需进一步完善[②]；杜国平认为欠发达地区部分地域推行农地适度规模经营的条件已具备，可适时推进，部分地域条件还不成熟，应创造条件暂缓推进，规模服务型、大户经营型、股份合作型是当前欠发达地区推行农地适度规模经营的适宜模式[③]；楼栋、孔祥智认为培育新型农业经营主体是在“四化同步”发展、农产品价值链升级、建立完善新型农业社会化服务体系背景下的必然选择[④]；长子中从土地性质、土地经营规模、土地经营性质及农地的流转、租赁买卖等方面，对中美两国在农户经营方面的异同进行了比较分析，并提出了相应的政策建议[⑤]；张德全、李平认为建立科学合理的土地流转机制，促进农村土地合理流转，有利于实现农业规模化经营，有利于调整农村产业结构，有利于提高农业生产效益，有利于增加农民收入，有利于市场农业的建立和农村经济的发展[⑥]；雷俊忠认为四川省各地在坚持稳定延长土地承包政策的前提下，围绕农村产业结构调整，积极探索和创新土地流转机制，发展农业适度规模经营，实行土地集约化和合理配置，加速了农村产业结构的调整，促进了农民收入增长[⑦]；李思佳等基于我国东北平原上的产粮大县——梨树县土地规模种植方式的实地调研，探索了粮食主产区土地流转方式和规模经营途径，认为土地流转的推动力是积极发挥科技、农机农艺结合的优势，降低生产成本，以提高土地的生产效益、增加农民的收入，使农民自愿有序地进行土地流转[⑧]；徐会苹认为中国在家庭农场发展中应以德国家庭农场发展的历史为鉴，完善土地流转相关的法律法规，加大对土地流转的政策资金支持，加大现代农场主的培育[⑨]；周定财、王亚星认为“三权分置”改革是当前农地改革的重点，其主旨在于促进经

---

① 曾福生．土地制度改革与农业适度规模经营的形成．农业现代化研究，1995（4）．

② 廖长林，熊桉．湖北省种植业新型经营主体发展与规模经营研究．湖北社会科学，2015（11）．

③ 杜国平．欠发达地区农地适度规模经营的现实条件与应对策略．贵州农业科学，2010（7）．

④ 楼栋，孔祥智．新型农业经营主体的多维发展形式和现实观照．改革，2013（2）．

⑤ 长子中．中美农户经营的区别和意义．开放导报，2011（5）．

⑥ 张德全，李平．规范土地流转　加快农村经济发展．农村经济，2002（12）．

⑦ 雷俊忠．大胆探索土地流转机制　积极推进适度规模经营．西南民族学院学报（哲学社会科学版），2002（6）．

⑧ 李思佳，王贵满，孙艳楠，陈智文．实施两个方式转变，促进粮食主产区土地快速流转——以吉林省梨树县为例．农机化研究，2013（11）．

⑨ 徐会苹．德国家庭农场发展对中国发展家庭农场的启示．河南师范大学学报（哲学社会科学版），2013（4）．

营权有序流转及农村土地经营适度规模，通过外部引进、内部培育和协同经营相结合的方式培育新型农村经营主体，是适应“三权分置”改革的必然选择[①]；农业部经管司、经管总站研究组从我国现行农村基本经营制度的内涵、农村基本经营制度具有极大优越性、农村基本经营制度需要进一步完善、构建新型农业经营体系思路和对策四个方面进行了探讨，并从土地流转和适度规模经营发展现状、发展土地适度规模经营思路和原则、发展土地适度规模经营的主要措施等方面探讨了加强土地流转管理和服务，发展多种形式适度规模经营的问题；赵鲲、刘磊认为农村土地规模经营仍面临着资源错配、政策错位、人地分离等问题，需要以“耕者有其田”为导向，按照“三权分置”的原则进一步推动土地承包经营制度的创新与完善，发展土地适度规模经营，引领现代农业发展[②]；王忠林、韩立民认为我国农村土地流转是市场机制作用与政策推动的结果，目前正呈现出流转形式多样化、经营主体多元化、流转动机现代化的特点[③]；张谋贵认为 20 世纪 80 年代后期以来，农村集体土地使用权流转在我国农村悄然兴起。土地流转是我国农村家庭联产承包实践的产物，它不仅解决了农村土地撂荒等现实问题，而且推动了土地规模经营，加快了农村经济的发展，把农业向现代农业推进，但是目前我国农村土地流转达到了一定的数量规模，流转形式也较多，但土地流转是一新生事物，运作中还存在一些问题[④]。

2.3.2 （适度规模）聚焦于种粮大户、家庭农场、农地抛荒、土地流转等方面

任晓娜等基于安徽、江西、广西、江苏和河南 5 个省区 155 份种粮大户的调研数据，从土地流转和经营方式两个方面选取 10 个变量运用 Logistic 回归模型分析种粮大户土地规模经营的影响因素，认为正式契约、公司经营、补贴有非常显著的正向影响，而资金借贷和家庭农场经营有正向影响但不显著，土地年租金、租金确定形式、租入方式、租赁期限有极显著或者显著的负影响，成立合作社对

---

① 周定财，王亚星．农地三权分置视域下新型农业经营主体的素质要求和培育途径．理论导刊，2016（11）．

② 赵鲲，刘磊．关于完善农村土地承包经营制度发展农业适度规模经营的认识与思考．中国农村经济，2016（4）．

③ 王忠林，韩立民．我国农村土地流转的市场机制及相关问题探析．齐鲁学刊，2011（1）．

④ 张谋贵．论我国农村集体土地使用权的流转．毛泽东邓小平理论研究，2003（5）．

经营规模有负影响但不显著[①]；孔令成、余家凤基于微观家庭农场的调研数据，首先运用超效率数据包络分析（data envelopment analysis，DEA）模型对上海市松江粮食家庭农场的土地适度规模进行了有效测度，采用 Tobit 模型对农场经营效率的影响因素进行了实证分析，得出粮食家庭农场最优土地投入规模为 8.13～8.40 公顷，其次为 11.53～13.07 公顷，农场主文化程度、土地经营规模和贷款满意程度对农场经营效率具有显著的正向影响，土地流转费用和农业技术培训的影响为负向，其他变量则没有显著影响[②]；徐莉认为农地抛荒是市场经济条件下农民自主选择的结果，是"经济人"的理性选择，农业的比较效益低、"劣等地"提供较低的级差地租、土地流转交易成本高是当前农地抛荒的主要原因[③]；孙林、傅康生认为发展农村土地适度规模经营是农业现代化进程的必然要求，但土地产权制度不规范、土地交易市场与社会化服务滞后等因素制约了我国农村土地适度规模经营的进一步发展[④]；贺书霞基于我国粮食主产区豫南的调研数据，运用多元线性回归方法对农民外出务工、土地流转对农业适度规模经营的影响进行实证研究，得出：务农人员中生产能手数量和其所在集体内可用于规模耕种的土地数量决定了适度规模可操作的规模上限，同时，当地经济水平和土地亩均受益决定了适度规模经营的规模下限，农业规模经营的大小与土地生产率和机械化程度无关，狭小的土地面积并不能阻碍土地劳动生产率的提高和机械化的推进，劳动力机会成本的大小是影响劳动力城乡转移的决定性因素，进而影响土地的流转速度和集中程度，适度农业经营规模的实现取决于非农收入或者说种植业以外有稳定的收入来源[⑤]；徐莉以四川省为例，总结了当前农地抛荒的特点及原因，通过调整农村产业结构、推进农业产业化进程，推广农业科学技术、改善农业生产条件、提高农业生产力，推进土地流转和集中、促进农地适度规模经营，实行农地抛荒责任追究制度等措施，有效遏制农地抛荒现象[⑥]；杨艺等分析了农村土地流转交易市场体系不健全、中介服务机构不完善和金融市场不发达等市场方面存在的障碍，以及农村集体土地产权制度不明晰、地方政府管理部门服务滞后、

---

① 任晓娜，孟庆国，李超等．种粮大户土地规模经营及其影响因素研究——基于安徽等 5 省的调查数据．湖南农业大学学报（社会科学版），2015（2）．

② 孔令成，余家凤．家庭农场适度规模测度及影响因素分析．江苏农业科学，2018（16）．

③ 徐莉．我国农地抛荒的经济学分析．经济问题探索，2010（8）．

④ 孙林，傅康生．农村土地适度规模经营的阻碍因素与转型路径．中共中央党校学报，2015（1）．

⑤ 贺书霞．外出务工、土地流转与农业适度规模经营．江西社会科学，2014（2）．

⑥ 徐莉．城市化进程中如何解决农地抛荒问题——以四川省为例．农村经济，2010（3）．

相关配套措施不健全和土地产权交易的相关法律法规不完善等政府方面存在的缺陷①；赵金国、岳书铭认为社会化服务已经不再是培育家庭农场的障碍，农场主可以容易地获得生产资料、生产技术、生产过程服务，从劳务市场雇佣劳动者以及将农产品销售出去，农场主和劳动雇工、资金及土地是培育家庭农场的主要影响因素，产业带动对家庭农场的培育影响不显著，基础设施对家庭农场的成立存在一定影响②；伍耀规认为对于广西家庭农场发展现状及其存在的问题，应完善农村土地流转机制、提高土地流转效率，提高农业机械化水平，加大农业扶持力度、加强农业基础设施建设，加大人力资本投入、着力培养高素质职业农民，发展和完善农业社会化服务体系，以促进广西家庭农场进一步发展③；曾雅婷等基于我国粮食主产区农户的调查数据，运用似不相关回归（SUR）和 Tobit 模型检验了农户农地流转与非粮作物种植比率之间的关系，认为农地流转不必然导致农业生产“非粮化”问题④；张怀英、蒋辉认为农业适度规模经营对经济社会的发展具有重大的战略意义，是推进农业现代化的重要途径，也是解决“三农”问题的有效举措，但是我国在土地流转、户籍管理、社会保障及再就业、财政支持等方面的政策仍然很不完善，严重影响了农业适度规模经营的有效推进和农业现代化的顺利实现，因此构建科学、合理、健全的相关政策保障体系就显得至关重要⑤；李有学认为规模经营是实现农业现代化的唯一出路，这种思想在土地流转的政策鼓励下逐渐演变为土地经营方式的变革热潮，但是规模经营的实际效果却表明规模经营不会必然导向农业现代化，农业现代化发展需要与我国工业化与城镇化发展相适应，需要探索一条更加注重农业质量的发展道路⑥；欧阳桂前、田克勤认为当前我国农地规模经营的前提条件不充分，实现规模经营的政府服务水平不到位，实现规模经营的配套改革措施滞后，制约规模经营发展水平，应差别化引导土地规模经营，走高新技术型和高附加值型的农业现代化道路，提供多样化的资金政策扶持和创新性的用地政策保障，加强对土地规模经营的监督和管

① 杨艺，朱翠明，张淇．农村土地经营权流转中政府与市场的关系研究．西南民族大学学报（人文社科版），2017（10）．

② 赵金国，岳书铭．粮食类家庭农场培育的影响因素分析．中国农业资源与区划，2017（4）．

③ 伍耀规．广西家庭农场适度规模经营研究．南方农业学报，2014（4）．

④ 曾雅婷，吕亚荣，蔡键．农地流转是农业生产“非粮化”的诱因吗？．西北农林科技大学学报（社会科学版），2018（3）．

⑤ 张怀英，蒋辉．农业适度规模经营的政策保障体系研究．甘肃社会科学，2013（5）．

⑥ 李有学．规模抑或质量：中国农业现代化发展道路的迷思．兰州学刊，2013（6）．

理，加快农村土地制度改革，创新现行土地管理办法，助推土地规模经营发展[①]；高欣、张安录以中部地区 142 个村 1370 户农户的调查结果为基础，运用统计分析法、DEA 分析法研究农地流转前后转入户和转出户的农业生产效率变化，进一步采用 Tobit 回归分析方法探究不同农户兼业程度对两类农户的农业生产效率的影响，为保障国家粮食安全、制定相关政策提供理论依据[②]；程秋萍认为适度规模是一个最优化的状态，但它并没有统一的模式，从不同的价值立场出发就有不同的目标函数和最优化结果，所以有一个“哪一种适度规模”的问题，并从社会学的角度阐释适度规模的形成逻辑，分别从农业、农民、村集体和政府四个不同的角度分析了适度规模经营发展的逻辑[③]；赵京等基于农户微观角度，首先运用经济学理论模型推导出农地整理对农户农地适度经营规模的影响，然后在调查数据的基础上测算农地整理影响下的农户农地适度经营规模，进而得出劳动力转移和耕地流转的规模[④]。

2.3.3 （城镇化）聚焦于新时期农业经营方式、农业现代化、农业经营模式、农业经营制度等方面

朱战辉认为资本化规模经营主体的退出，重新释放了村庄经济空间，出现了再小农化的农业经营秩序。不同于传统的小农经济，再小农化是在回归家庭经营基础上新的发展，通过种植结构和经营规模的扩大，形成专业化机械化的经营模式，以家庭为主体的农业经营模式推进农业现代化的发展[⑤]；李思佳等基于我国东北平原上的产粮大县——梨树县土地规模种植方式的实地调研，认为以农民专业合作社为载体，改变生产和经营方式，采取统分结合——“四统一分”的经营模式，建立并完善了“五个机制”，奠定了土地规模化经营和机械化作业的基础，土地流转的推动力是积极发挥科技、农机农艺结合的优势，降低生产成本，

---

① 欧阳桂前，田克勤．中国农地规模经营存在的问题及对策分析——以东北三省为例．长白学刊，2015（2）．

② 高欣，张安录．农地流转、农户兼业程度与生产效率的关系．中国人口·资源与环境，2017（5）．

③ 程秋萍．哪一种适度规模？——适度规模经营的社会学解释．中国农业大学学报（社会科学版），2017（1）：69－82．

④ 赵京，杨钢桥，周厚智．农地整理对农户农地适度经营规模的影响——以湖北省为例．经济地理，2014（5）．

⑤ 朱战辉．新时期农业经营方式的再小农化．西北农林科技大学学报（社会科学版），2018（5）．

以提高土地的生产效益、增加农民的收入，使农民自愿有序地进行土地流转[①]；秦文佳、江辉认为农村土地流转是市场经济发展新阶段优化土地资源配置的迫切需要，对促进农业发展，维护农村稳定，增加农民收入起到积极作用[②]；朱启臻等认为家庭农场的突出特征是以家庭劳动力为主要劳动力，其经营主体是有文化、懂技术、会经营并以农业为业的新型“职业农民”，家庭农场有多种类型，其中最为理想的模式是多种经营的综合性农场，家庭农场规模的下限是家庭成员的生计需要，家庭农场规模的上限是现有技术条件下家庭成员所能经营的最大面积，家庭农场的发育需要政府的支持和特定的社会条件[③]；崔开昌等认为家庭农场在创新农业产业发展和优化农业经营主体等方面，发挥着举足轻重的作用[④]；韩庆龄认为农民按照伦理血缘关系建构出自发的土地流转秩序，形成了以“新三代家庭”为载体的“大户农业/兼业小农＋老人农业”的适度规模经营模式，这一农业经营模式较土地规模流转形成的市场化农地经营，更为符合乡村实际和农民利益[⑤]；何虹、陆成林认为明确土地承包权主体、谨慎推进农业规模化经营、调整与完善土地制度等三个问题，是涉及农用地流转的重要问题，直接影响着农用地流转的成效，妥善处理这些问题，需要法律法规支撑、政策调整与实践落实[⑥]；杜志雄、王新志认为家庭农场作为多元化新型农业经营主体之一，顺应现阶段中国农业生产的新变革，既坚持了农业家庭生产经营的传统优势，又有助于破解保持中国未来农业经营主体稳定性和持续性难题，引领中国现代农业和先进生产力的发展方向[⑦]；窦艳芬、姜岩科学地界定了新型职业农民的内涵、特点，系统阐释了都市型现代农业背景下天津市加快培育新型职业农民的必要性，在借鉴国内外经验的基础上，提出加快培育新型职业农民的具体对策[⑧]。

---

① 李思佳，王贵满，孙艳楠等．实施两个方式转变，促进粮食主产区土地快速流转——以吉林省梨树县为例．农机化研究，2013（11）．

② 秦文佳，江辉．中国农村土地承包经营权流转问题研究——以河南省为例．中国农学通报，2010（18）．

③ 朱启臻，胡鹏辉，许汉泽．论家庭农场：优势、条件与规模．农业经济问题，2014（7）．

④ 崔开昌，房芬，万桃等．上海市家庭农场发展的影响因素、机理和路径研究——基于395户家庭农场的实证分析．农村金融研究，2018（7）．

⑤ 韩庆龄．农业经营模式的路径选择：基于村庄基础与农民诉求的双重视角——以江汉平原P村为个案．南京农业大学学报（社会科学版），2015（5）．

⑥ 何虹，陆成林．新型城镇化背景下农地流转的三个重要问题．学习与实践，2015（4）．

⑦ 杜志雄，王新志．中国农业基本经营制度变革的理论思考．理论探讨，2013（4）．

⑧ 窦艳芬，姜岩．都市型农业视阈下天津市培育新型职业农民的必要性和对策研究．农业经济，2014（8）．

2.3.4 （土地流转）聚焦于土地流转方式、新型农业经营主体、现代农业经营模式选择、土地流转等方面

张爱军通过理顺我国农地流转政策改革的历史进程，探讨了农地流转与农业经营模式的相互作用机制，从我国未来现代农业发展的角度，提出了农村土地体系中的适度规模经营和农垦土地体系中的大农场式规模经营的两种现代农业经营模式①；吕晨光等认为适度深化农村土地产权制度改革，为农村土地流转提供必要的产权基础，稳定家庭联产承包责任制和土地承包关系，建立健全农村社会保障制度和农业风险保障机制，建立严格规范的土地流转配套制度和措施②。

2.4 农地规模：基于贵州的实证分析

农业生产最重要的两个要素是劳动和土地，农业劳动生产率是影响农业效率的重要因素。土地耕种面积在一定时期内不会有明显的变化，因此，劳动生产率的变化对农业的影响在一定时期内起到决定性的作用。根据 Hayami （1985） 等的农业劳动生产率分解公式，农业劳动生产率可以分解为人均经营耕地面积、土地生产率及农产品市场价值。从而可以看出，在土地生产率和农产品市场价值一定的条件下，随着人均经营耕地面积的增加，农业劳动生产率会持续提高。但是要素的规模报酬递减、交易成本及内在不经济的存在，农地经营规模的持续扩大不可能使得农业劳动生产率无限增加。农业劳动生产率与农地经营规模在长期内可能存在倒“L”型关系，即农地经营规模的扩大，使农业劳动生产率先逐渐上升到最大值，然后由于劳动者个体的生产技术水平以及劳动熟练程度等因素的影响，从而导致农业劳动生产率长期一段时间内稳定在某一状态。

根据边际报酬递减理论，农地经营规模应该扩张到这一点，即在该点处再多增加一点土地投入都会使农户经营出现内在不经济，交易成本的上升，此时的劳动生产率不再提高，这一点就是农地的扩张临界点。根据“理性人”的假设，每个劳动者都是理性的，当农地规模超过临界点后，由于随之而来的规模不经济，将会导致农户不会继续扩大农地规模，而是将农地规模逐渐调整到转折点，

① 张爱军．我国现代农业经营模式选择．商业时代，2014（36）．

② 吕晨光，杨继瑞，谢菁．我国农村土地流转的动因分析及实践探索．经济体制改革，2013（6）．

这个点就是最优的农地规模。

基于此，本章假设在短期内，贵州的农业劳动生产率与农地经营规模之间呈现正相关关系，但在长期内，两者存在着倒“L”型的关系。然后根据农业劳动生产率与农地规模之间的倒“L”型关系，测算出贵州最优的农地规模，并提出相应的建议。

2.4.1 数据和模型构建

本章关注的是在农业劳动生产率最大化下的农地经营规模。由于劳动生产率可能会受到区域间的自然条件、农户要素投入、经济发展水平等诸多因素的影响，我们尽可能多地将这些变量作为控制变量纳入模型中。具体的变量设置与度量方法如表 2－4 所示。

表 2－4 变量设计与变量选取

变量分类	变量名称	变量选取	单位
因变量	农业劳动生产率（ALP）	第一产业从业人员人均第一产业增加值的自然对数	元/人
解释变量	农地经营规模（Area）	第一产业从业人员人均农产品播种面积的自然对数	平方米/人
控制变量	农地经营规模的平方项（$Area^2$）	农地经营规模的平方项	
	家庭人均纯收入（PGDP）	农村人均 GDP	元/人
	化肥施用量（Fert）	单位面积农地化肥施用量	克/平方米
	经济作物比重（Nongrain）	经济作物播种面积与总播种面积比值	%

（1）被解释变量。

本章选取各地市的第一产业增加值的自然对数作为被解释变量，用来度量各地市的农业劳动生产率（ALP）。刘德光认为对于计算劳动生产率来说，净产值指标比总产值指标更为适宜净产值反映再创造的价值，与国民收入相仿①。增加值在净产值的基础上进一步除去了支付给非物质生产的费用等费用，包含资产折旧，反映了生产活动新增加的价值和转移价值，可以比较确切地反映生产的规

① 刘德光．改进农业劳动生产率指标的计算方法．农业技术经济，1986（8）．

模、速度和效益。随着现行统计制度方法逐步向国际接轨，净产值指标已不再使用，总产值指标用得越来越少，而增加值指标用得越来越多。综上所述，增加值能反映农业内部的再创造价值，更能准确地体现农业劳动生产率的本质。

（2）解释变量。

农地经营规模（Area）与农地经营规模的平方项（$Area^2$）是本章的解释变量。选取人均农产品播种面积来衡量农地经营规模，是由于，一方面各年度的播种面积可以很好地反映农业的经营状况；另一方面，人均播种面积与人均耕地面积存在高度相关性，两者的相关系数为 0.849①。由此可以得出，人均播种面积能够较好地衡量农地经营规模。加入农地经营规模平方项是因为要考察是否存在最优的适度农地经营规模，也是本章研究的主要目的。另外，加入农地经营规模的平方项可以防止遗漏变量。

（3）控制变量。

农村经济发展水平（PGDP）可以用农村人均 GDP 进行度量。根据萨缪尔森的《经济学》中提到的国内生产总值 GDP 与纯收入的换算方法：总的纯收入 = 国内生产总值（GDP） - 折旧 - 税收和企业储蓄 + 转移支付。由于我们考察的是农村人均 GDP，可以认为人均纯收入与农村人均 GDP 之间存在高度的相关性。化肥施用量（Fert）用来考察单位面积的农地面积上的要素投入，也可以测度化肥使用对耕地资源的替代作用。经济作物比重（Nongrain），高帆（2015）认为经济作物比重反映了农业内部的种植结构调整状况，通过价格机制来影响劳动生产率。

（4）数据来源。

本章选取 2000 ~ 2016 年贵州 9 个地级市的数据，数据尽可能多地选取控制变量，没有缺失值，因此是平衡面板数据。2000 年以后，中国的城镇化速度加快，农业人口逐渐流入城市，研究这段时间并求出最优的农地规模有较好的代表性。原始数据来源于《贵州统计年鉴》，描述性统计如表 2 - 5 所示。

表 2 - 5　　变量的统计描述

变量	样本量	平均值	最小值	最大值	标准差
农业劳动生产率（ALP）	153	6.20	2.26	8.63	1.23
农地经营规模（Area）	153	8.24	7.83	8.97	0.27

① 王亚辉，李秀彬，辛良杰等．中国农地经营规模对农业劳动生产率的影响及其区域差异．自然资源学报，2017（4）.

续表

变量	样本量	平均值	最小值	最大值	标准差
农地经营规模的平方项（$Area^2$）	153	67.97	61.34	80.49	4.43
家庭人均纯收入（PGDP）	153	3820.63	1248	12967	2562.31
化肥施用量（Fert）	153	18.84	7.97	30.78	4.97
经济作物比重（Nongrain）	153	13.99	3.86	25.05	5.16

2.4.2 计量分析方法

本章采取如下计量模型测量农业劳动生产率与农地经营规模之间的关系：

$$ALP_{it} = \beta_0 + \beta_1 Area_{it} + \beta_2 Area_{it}^2 + \beta_3 PGDP_{it} + \beta_4 Fert_{it} + \beta_5 Nongrain_{it} + u_{it} \tag{2.1}$$

其中，ALP是被解释变量，即农业劳动生产率；解释变量是 Area 和 $Area^2$，分别表示农地经营规模报酬及平方项；PGDP、Fert、Nongrain 是模型中的控制变量；β_0为常数项；u 表示随机扰动项；β_1、β_2分别是农地经营规模和其平方项的系数；$\beta_3 \sim \beta_5$是控制变量的回归系数；假如 $\beta_1 > 0$、$\beta_2 < 0$ 成立，说明开始阶段农地经营规模与农业劳动生产率之间存在正相关关系，之后达到最大值，存在最优规模均衡点；下标 i 和 t 分别表示各个地市和各个年份。

本章采用二次平滑指数模型预测农地规模的趋势，并以此分析达到农地适度规模的临界点。

当时间数列无明显趋势变化时，可用一次指数平滑预测。但当时间序列的变动出现直线趋势时，用一次指数平滑法来进行预测将存在着明显的滞后偏差。因此，需要对其进行修正。修正的方法是在一次指数平滑的基础上再进行二次平滑，利用滞后偏差的规律找出曲线的发展方向和发展趋势然后建立直线预测模型。其数学模型为：

$$S_t^{(1)} = \alpha Y_t + (1 - \alpha) S_{t-1}^{(1)} \tag{2.2}$$

$$S_t^{(2)} = \alpha S_t^{(1)} + (1 - \alpha) S_{t-1}^{(2)} \tag{2.3}$$

$$a = 2S_t^{(1)} - S_t^{(2)} \tag{2.4}$$

$$b = \frac{\alpha}{1 - \alpha}(S_t^{(1)} - S_t^{(2)}) \tag{2.5}$$

$$\hat{Y}_{t+T} = a + b \times T \tag{2.6}$$

其中，$S_t^{(1)}$ 表示第 t 期一次指数平滑值；$S_t^{(2)}$ 表示第 t 期二次指数平滑值；Y_t 表示第 t 期的实际值；$S_{t-1}^{(1)}$ 表示第 t－1 周期的一次指数平滑值；$S_{t-1}^{(2)}$ 表示第 t－1 周期的二次指数平滑值；α 表示平滑系数（$0<\alpha<1$）。式（2.6）是二次指数平滑法的线性趋势预测方程。

本章采用面板数据进行实证检验，先用 Hausman 检验来检验模型是采用固定效应还是随机效应，采用 Greene 提供的 Wooldridge 检验来检验是否存在异方差，采用 Wooldridge 检验来检验是否存在序列相关。如果面板数据存在异方差和序列相关，本章将采用 Driscoll（1998）等的估计方法加以修正。此外，本章利用平衡面板数据测算农业劳动生产率与农地经营规模之间的关系，一方面，平衡面板数据可以提高估计准确度；另一方面，高梦滔等（2006）认为固定效应可以避免许多不可控制的因素，还可以缓解模型的多重共线性和自相关导致的回归偏差问题①。因此，本章的估计结果有较高的可信度。

2.4.3　结果与分析

（1）贵州农地适度规模经营的实证分析。

通过相关模型检验分析，Hausman 统计量为 0.0070，在随机效应和固定效应模型之间应选择固定效应模型；Wooldridge 检验结果的统计量为 0.0000，存在异方差；Wooldridge 检验结果统计量为 0.0000，表明存在序列相关，因此本章采用 Driscoll 和 Kraay 的估计方法来处理。模型的组内拟合优度为 68.9%，Hire 认为 R^2 大于 0.67 说明模型效果较好，详细结果如表 2－6 所示。

表 2－6　样本的实证分析

变　量	固定效应		Driscoll 和 Kraay	
	β 值	t 值	β 值	t 值
农地经营规模（Area）	36.885**	2.92	36.885***	4.11
农地经营规模的平方项（$Area^2$）	－2.099**	－2.71	－2.099***	－4.06
家庭人均纯收入（PGDP）	0.00026***	3.40	0.00026***	3.22
化肥施用量（Fert）	0.0767**	2.46	0.0767***	3.96

① 高梦滔，张颖．小农户更有效率？——八省农村的经验证据．统计研究，2006（8）．

续表

变　量	固定效应		Driscoll 和 Kraay	
	β 值	t 值	β 值	t 值
经济作物比重（Nongrain）	0.159***	3.70	0.159**	2.45
常数项	-159.76**	-3.10	-159.76***	-4.04
样本量	142		142	
R^2_within	0.689		0.689	
F 值	226.20		37.43	
最优农地规模［exp（-b/2a）］	0.654 公顷		0.654 公顷	

注：①*、**、***分别表示显著性水平为10%、5%和1%。②最优农地经营规模的计算。模型中存在二次项本质是二次函数 $Y = aX^2 + bX + c$，通过计量模型确定系数 a 和系数 b，通过分析系数的显著性及两者之间的关系来判断最优农地经营规模是否存在，如果存在，可以通过二次函数的最值点估算。二次函数顶点处对应的是最优农地经营规模，此时最优农地经营规模应为自然常数 e 的（-b/2a）次方，即最优农地经营规模 = exp（-b/2a）。

本章重点考察的是农地经营规模及其平方项的回归系数，可以看出，在经过 Driscoll 和 Kraay 的估计方法处理后，农地经营规模及其平方项的系数均在1%的显著水平上显著，其中农地经营规模（Area）的回归系数是38.885，农地经营规模的平方项是-2.099，说明农地经营规模与农业劳动生产率之间存在着倒“L”型的关系，即开始阶段农业劳动生产率随着农地经营规模的增加而增加，随着农地经营规模的持续增加，农业劳动生产率将增加到最大值，此时就是农地经营规模的最优规模点，此后农业劳动生产率将会在这一点波动，稳定在这一状态。通过模型计算得出第一产业从业人员的农地最优规模是0.654公顷。该结果与王亚峰等人通过实证分析得到的丘陵山区的农地最优人均规模1.98公顷的结果较为接近，由于本章选取的是贵州地区，具有典型的喀斯特地貌，因此人均最优的农地经营规模偏小。

从当前来看，我国的人均农地经营规模是0.55公顷，最大值不超过1.53公顷。从《中国农村统计年鉴》的统计数据整理来看，2016年我国乡村第一产业从业人口的人均耕地为0.628公顷，2016年贵州的第一产业从业人数为1017.03万人，全省主要农作物播种面积560万公顷，第一产业人均播种面积为0.5506公顷。第一产业从业人员人均播种面积规模远低于最优的规模。根据《贵州统计年鉴》的数据分析，贵州省第一产业从业人数一直以来都在减少，2016年比2015年减少了1.1%，而农业播种面积在持续增加，2016年比2015年增长了

0.9%。因此，我国仍然处于农地经营规模扩大，农业劳动生产率持续提高的阶段。

对控制变量的分析可以得知：①家庭人均纯收入（PGDP）的系数为0.00026，模型在1%水平上显著为正，说明家庭人均纯收入对农业劳动生产率的提高有正向影响，有助于农业的发展。②化肥施用量（Fert）作为农业的生产要素投入，其系数为0.0767，调整后的模型在1%的显著水平上为正，说明化肥的使用对农业劳动生产率具有正向影响，化肥的增加可以提高农业劳动生产率，由于化肥直接作用于农业生产，因此，化肥在模型中的系数要大于家庭人均纯收入，化肥的使用对农业劳动生产率的提高作用大于家庭人均纯收入对农业劳动生产率提高的作用。③经济作物的比重（Nongrain）在调整后的模型中在5%的显著性水平上为正，说明经济作物比重对农业劳动生产率具有正的影响作用，经济作物比重增加可以促进农业劳动生产率的提高，系数为0.159，说明经济作物比重对农业劳动生产率的促进作用要大于化肥和家庭人均纯收入的作用。经济作物比重指的是经济作物播种面积与总播种面积比值，贵州省92.5%的面积为山地和丘陵，为典型的喀斯特地貌，土层薄，农作物产量低。因此，经济作物的种植比重加大带来的经济效益要大于粮食作物带来的经济效益，经济作物比重这一控制变量对农业劳动生产率的提高具有较大的正向影响作用。

（2）贵州省农地经营规模预测分析。

在指数平滑法的计算中，关键是 α 的取值大小的设定，但 α 的取值很容易受到主观的影响，因此合理确定 α 的取值十分重要。一般来说，如果数据波动较大，α 值就应该取大一点，可以增加近期数据对预测结果的影响，如果数据波动平稳，α 值就应该取小一点。根据王长江①的研究，当原数列呈现比较平稳的水平趋势时，α 应该小一点，一般在 0.1～0.3 之间，可以减少修正的幅度，同时新数列中包含较多的原始信息，增加预测结果的可信度；当原数列波动较大时，α 应选择适中一些，一般在 0.3～0.5 之间；当原数列波动很大且趋势较为明显时，α 应该取大一点，一般在 0.6～0.8 之间，可以有利于增加模型的灵敏度。

由于人均第一产业从业人员农作物播种面积变化比较平稳，因此，本章选取 α 的值在 0.1～0.3 之间，数据结果如表 2－7 所示。

---

① 王长江．指数平滑法中平滑系数的选择研究．中北大学学报（自然科学版），2006（6）．

表 2-7 平滑指数

年份	第一产业从业人员人均播种面积（公顷/人）	α=0.1		α=0.2		α=0.3	
		一次指数平滑	二次指数平滑	一次指数平滑	二次指数平滑	一次指数平滑	二次指数平滑
2000	0.3447						
2001	0.3398	0.3447		0.3447		0.3447	
2002	0.3430	0.3442	0.3447	0.3437	0.3447	0.3432	0.3447
2003	0.3489	0.3441	0.3446	0.3436	0.3445	0.3432	0.3443
2004	0.3642	0.3446	0.3446	0.3447	0.3443	0.3449	0.3439
2005	0.3788	0.3465	0.3446	0.3486	0.3444	0.3507	0.3442
2006	0.3893	0.3498	0.3448	0.3546	0.3452	0.3591	0.3462
2007	0.3685	0.3537	0.3453	0.3616	0.3471	0.3682	0.3501
2008	0.3843	0.3552	0.3461	0.3629	0.3500	0.3683	0.3555
2009	0.3961	0.3581	0.3470	0.3672	0.3526	0.3731	0.3593
2010	0.4115	0.3619	0.3481	0.3730	0.3555	0.3800	0.3635
2011	0.4309	0.3669	0.3495	0.3807	0.3590	0.3894	0.3684
2012	0.4575	0.3733	0.3512	0.3907	0.3633	0.4019	0.3747
2013	0.4952	0.3817	0.3534	0.4041	0.3688	0.4185	0.3829
2014	0.5267	0.3930	0.3563	0.4223	0.3759	0.4416	0.3936
2015	0.5395	0.4064	0.3599	0.4432	0.3852	0.4671	0.4080
2016	0.5506	0.4197	0.3646	0.4624	0.3968	0.4888	0.4257
MSE		0.0053		0.0030		0.0019	

根据偏差平方的均值（MSE）最小，即各期实际值与预测值差的平方和除以总期数，以最小值来确定 α 的取值的标准。根据表 2-7 可知，当 $\alpha=0.1$ 时，MSE=0.0053；当 $\alpha=0.2$ 时，MSE=0.0030；当 $\alpha=0.3$ 时，MSE=0.0019。可以看出 $MSE_{0.1}>MSE_{0.2}>MSE_{0.3}$，但是考虑到一方面 α 越小，越有利于增加预测结果的可信度；另一方面，$MSE_{0.2}$ 与 $MSE_{0.3}$ 为 0.0011，$MSE_{0.1}$ 与 $MSE_{0.2}$ 的差为 0.0023。故本章选取 $\alpha=0.2$。

通过计算得到系数 a、b 的结果如下：

$$a=2S_t^{(1)}-S_t^{(2)}=2\times0.4624-0.3968=0.528$$

$$b = \frac{\alpha}{1-\alpha}S_t^{(1)} - S_t^{(2)} = \frac{0.2}{1-0.2}(0.4624 - 0.3968) = 0.0164$$

于是，预测线性方程为：

$$\hat{Y}_{t+T} = 0.528 + 0.0164 \times T \tag{2.7}$$

当要实现第一产业从业人员的最优播种规模 0.654 公顷时，需要将 $\hat{Y}$ = 0.654 代入预测的线性方程可以得到 T≈8，即从 2016 年到最优的适度农地规模需要 8 年的时间，大约在 2025 年年初可以达到最优规模。

（3）现阶段贵州省农地适度规模的结果分析。

本章从全省的 9 个地级市的面板数据入手，通过研究农地经营规模对农业劳动生产率的影响，测算出最优的农地经营规模，并运用二次指数平滑法，测算出以现行的农地规模变化趋势达到最优农地规模所需要的时间。全省的实证结果显示，贵州省现阶段仍处于农业劳动生产率与农地经营规模的倒“L”型的上行区间，即此时农业劳动生产率与农地经营规模之间存在正向关系，随着农地经营规模的增加，农业劳动生产率会持续增加，农业生产处于规模报酬递增阶段。模型估计贵州省第一产业从业人员人均经营农地的最优规模是 0.654 公顷，从目前来看，由于贵州省是典型的高海拔山地省份，根据《贵州省国土资源公报（2017）》的数据显示：贵州省土地资源以山地、丘陵为主，平坝地较少，山地面积为 1087.40 万公顷，占全省面积的 61.70%，丘陵面积为 541.97 万公顷，占全省土地面积的 31.10%，山间平坝区面积为 132.30 万公顷，只占全省土地面积的 7.50%，全省坡度大于 25 度的山地面积 1256.67 万公顷，占土地总面积的 71.34%，耕地多分布在 15～25 度之间，耕地资源十分稀缺，2017 年贵州省人均耕地面积为 1.89 亩。1984 年中国农业区划委员会颁发的《土地利用现状调查技术规程》将耕地分为 5 级，第一级是坡度小于 2°，第二级是坡度在 2°～6°之间，第三极是坡度在 6°～15°之间，第四级是坡度在 15°～25°之间，第五级是坡度大于 25°。其中，规定第一级和第二级为最适宜耕种的农耕区，第三级为缓坡区，是我国目前种植的主要地区，可以使用大型农业机械，超过第三级的区域就不适合农业机械化作业，第四级适合梯田种植，第五级以上就只适合林地种植。贵州各地市的分级坡度比例可以参照表 2－8。从目前来看，贵州省的农地经营规模达到最优规模还需要很长的时间，本章通过二次指数平滑法对农地最优规模预测表明，贵州省农地达到最优规模至少需要 8 年的时间，即在 2025 年年初可能达到最优的农地规模。

表 2-8　　贵州省各地区分级坡度面积比例及平均坡度

地区	各级坡度所占面积比（%）				
	0°~6°	6°~15°	15°~25°	25°~35°	35°~90°
贵阳市	39.8	31.87	4.65	1.22	13.11
毕节市	39.67	34.58	8.35	2.19	14.92
六盘水市	33.56	36.14	10.15	3.68	15.76
遵义市	34.01	35.35	10.79	3.94	15.93
安顺市	24.76	33.87	14.13	5.86	16.6
铜仁地区	31.15	36.06	15.89	4.82	17.54
黔南自治州	18.67	41.49	19.04	7.84	19.49
黔西南自治州	17.85	35.4	26.06	10.17	21.16
黔东南自治州	12.77	49.21	25.22	6.07	21.38
全省平均值	133.5	26.85	38.42	15.97	5.26

资料来源：杨小英等．贵州自然条件与农业可持续发展．贵州科技出版社，2002：11-12.

2.5 农业适度规模经营对于不同对象的流转效果和差异分析

2.5.1 农地适度规模经营实现的方式

柯布—道格拉斯生产函数最初是美国数学家柯布（C. W. Cobb）和经济学家保罗·道格拉斯（Paul H. Douglas）共同探讨投入和产出的关系时创造的生产函数，是以美国数学家 C. W. 柯布和经济学家保罗·道格拉斯的名字命名的，是在生产函数的一般形式上作出的改进，引入了技术资源这一因素。其是用来预测国家和地区的工业系统或大企业的生产和分析发展生产的途径的一种经济数学模型。生产函数表明农业规模报酬的实现取决于农业内部的土地、劳动力、资本和技术等要素投入的共同影响。土地的稀缺性决定了农地适度规模的重要性，农地适度规模的最终目的在于提高农业劳动生产率，提高农地规模经济效益。因此，适度地扩大农地规模可以提高资源的配置效率，提高劳动分工的专业化和合作组织化水平，从而降低农业生产经营成本以实现农业规模效益。

农业规模经济效益影响着农地适度规模。农业规模经济效益的实现可以从内部和外部两个方面来分析，农业内部规模经济体现在农业生产环节。实现农业产出的规模化，就需要对农业内部的土地、劳动力、资金、技术等农业要素投入量的优化配置。贵州省的土地稀缺性要大大高于国内其他省份，农地经营规模偏小，因此，积极探索土地入股、土地托管等方式可以促进农地的有序流转，提高土地的单位面积产出率。对于当前贵州省人均耕地偏少，单位面积劳动力过密的现实，需要继续推进农村剩余劳动力向非农业的转移，从而提高农业劳动生产率，本章的实证结果也表明，人均农地规模的增加，可以提高农业劳动生产率，另外，家庭人均纯收入、化肥的使用和经济作物种植的增加对劳动生产率的提高也有积极的影响。对于农业资金的供给问题，进一步加大财政资金支农的投入，撬动社会资本和农民闲散资本投入农业生产，提高资本的产出率。对于目前农业技术推广的问题，需要加大新农村建设，改善农村生态环境，加大农村基础设施的建设，吸引更多的农业技术人才投入农村建设，并激励和支持农业科技人员的进村入户，加大对新型农民的培育，使农业新型技术可以第一时间运用到农业之中。

农业内部的各种生产要素对农业规模的发展有着内部性和根本性的影响，农业外部的规模经济的实现体现在农业的产前和产后的环节，也是实现农业适度规模的关键环节。农业的产前和产后环节可以通过农业社会化服务体系和农村经济合作组织进行调节。农业专业化和合作组织化的实现可以提高农业经营效率，农业社会化服务通过不断完善契约、激励等制度安排，可以推动农业专业化和组织化的实现。农业社会化服务组织可以对农业物资的采购、农业机械化耕种和病虫害的统一防治等方面进行规模化服务，有利于农业成本的降低，增加农业规模效益。农村经济组织可以在农产品加工和销售等环节对其进行规模化，依托农业龙头企业使农产品的销售和加工实现完整的生产、加工、流通、销售的产业链，促进产业的分工，实现农业生产的产后规模化，增加农业的规模效益。

2.5.2　不同的农业生产主体实现农地适度规模经营的差异分析

农业生产主体包括专业大户、家庭农场、农业产业化龙头企业等，从生产经营个体的微观角度来看，由于农业专业大户自身有熟练的农业种植技术，在农业的种植上较普通的农户而言，农业专业大户在相同的农地规模上产出要高于普通的农户，其通过对农业技术的提高来实现农业规模报酬的递增。家庭农场是在农业专业大户的基础上，进一步对土地的需求上提出了要求，家庭农场涉及对农地的流转和农业劳动力的雇佣，扩大了农地种植规模。通过对契约和合同等方式对劳动力进行约束，提高了劳动生产率，对农地的整合在一定程度上提高了农地的产出率，实现农地的规模经营，获得了一定的规模效益。其还可以通过调节劳动力与土地之间的比例来实现家庭农场范围内的最优农地规模，但不一定是大范围的最优农地规模。农业产业化龙头企业不仅对劳动力和土地具有约束，也对资金和技术等方面具有调控的作用，农业产业化龙头企业在提高劳动生产率和土地产出率的同时，拥有大量资金的投入，增加资本投入和技术投入，实现规模经营。农业产业化龙头企业还可以在农业的产前和产后环节实现农业的规模经济。在产前，农业产业化龙头企业通过对农业物资的规模采购可以影响农业物资的采购成本，降低农业成本，增加农业规模效益；在产后，农业产业化龙头企业可以通过自身高度集中的产业链，在加工和销售等方面降低农业成本，获得农业规模化所带来的经济效益。

由此可见，不同的农业生产主体（农业专业大户、家庭农场、农业产业化龙头企业）对不同生产要素（土地、资本、劳动力、技术等）的投入均有不同，不同农业生产主体由于生产要素投入的不同，其产生的农业规模效益的高低是不同的，实现农业的最优规模也不相同。

2.6 影响农地适度规模的因素以及对策建议

2.6.1 影响贵州省农地适度规模的因素

（1）耕地质量差，农地耕种效益低。

贵州的农地多是坡地，地形坡度较大。由于人均土地较少，一方面贵州土层瘠薄；另一方面，长期以来的以农业时代使用的各种生产要素为基础的传统农业耕种方式，使农村土地石漠化现象严峻，从而导致贵州耕地质量的整体下降，不利于农地适度规模的推进。

（2）农村居民家庭人均耕地面积少，规模化经营整合成本高。

农地适度规模化经营的前提是整合农业各类生产要素，节约成本，从而提高生产效益。但从贵州目前来看，由于农村居民家庭经营土地面积普遍较少，因此贵州的规模化经营水平还处于较低的阶段，同时贵州土地的细碎化也增加了农地适度规模的整合成本。根据 2016 年《中国农村经营管理统计年报》显示：贵州省 2016 年经营耕地 10~30 亩的农户为 66.8 万户，经营耕地 30~50 亩的农户为 15.6 万户，经营耕地 50~100 亩的农户为 3.4 万户。而安徽省经营耕地 10~30

亩的农户为 232.6 万户，经营耕地 30 ~ 50 亩的农户为 45.4 万户，经营耕地 50 ~ 100 亩的农户为 14.8 万户。可以看出，贵州省目前的农地规模经营状况远低于农业发达的地区，小农经营居多，整合成本高，制约了农地规模经营的发展。

（3）农村青壮年劳动力的大量转移。

由于贵州山多地少、土地贫瘠且零碎化，不利于农民增产增收，同时随着近年来的城镇化和工业化进程的不断加快和贵州一些地方政府的积极推动，在城市对劳动力的需求和农民追求更高的机会成本而产生的供给的双重因素促进下，农村青壮年劳动力大量涌入城市务工，因此导致贵州第一产业从业人员逐年减少，第一产业从业人员的减少从表面上看促进了土地的流转，加快了农村规模经营化的发展，但是青壮年劳动力的大量流失，使农村劳动力主要为老人和妇女，农业劳动生产率反而下降，不利于农地适度规模经营的发展。

（4）农村土地流转市场不完善。

2018 年 8 月 8 日，贵州省工商局、贵州省农委联合制定发布《贵州省农村土地承包经营权入股流转合同（示范文本）》。此次制定发布的合同示范文本，结合全省各地现行“三变”改革实际，有效地规范当事人双方的权利义务，发挥了合同“护农帮农”的重要作用。但是，目前农村土地流转市场的不完善，使农民流转方式依然以口头协议为主。

（5）农民对农地流转风险的认知偏误。

目前农民对“三权分置”的理解还有限，对土地承包经营权流转的概念存在误区，担心自己会因为流转丧失土地，因此很多农民宁愿以不正规的方式把土地交给亲戚经营，也不愿意以正规方式流转，从而影响农地的适度规模经营发展。

（6）机械化程度低。

农业规模经营化发展离不开农业机械化的推动。根据 2016 年《中国统计年鉴》数据显示：贵州省 2016 年农业机械总动力为 2041.1 万千瓦，而河南省 2016 年农业机械总动力为 9855.0 万千瓦，山东省 2016 年农业机械总动力为 9797.6 万千瓦。由此可以看出，目前贵州省的机械化水平远低于机械化发达的河南省、山东省等省份，制约了贵州省农业规模经营的发展。

2.6.2　促进农地规模经营的对策

（1）加大农村基础设施建设投入，改善农村土地经营条件。

土地适度规模经营是需要实现农业机械化操作，需要使用很多现代农业生产技术的，然而我国实行的家庭联产承包责任制是以家庭为单位进行土地承包分配的，这就导致了我国农村土地细碎化严重。再加上贵州是以山地地形为主以及西部欠发达地区两大板块问题的叠加区域，这就导致了贵州农村土地细碎化程度更严重、基础设施更加不完善。贵州要实现农村土地适度规模经营就必须要加大对农村基础设施的投入力度，改善农村土地经营条件，提高农村土地耕种质量，从而降低从事农业生产的成本，保障农村经济快速发展，实现“农业强、农民富、乡村美”的乡村振兴的农村发展目标。

（2）加快经济发展，加大资金投入。

由于土地适度规模经营是经济发展到一定的水平之后对农业经营规模提出的新要求，因此土地适度规模经营是随着农村经济发展而衍生出来的，这就决定了农业规模经营需要投入大量的资金，从而为土地适度规模经营提供必要保证。贵州省属于西部贫困省份，同时也是全国欠发达地区的典型代表。在实现土地适度规模经营前期必须对农村土地进行平整治理之后才能提高土地利用率，贵州土地存在土地细碎化严重、耕地质量不好、地理环境复杂等特点，所以导致贵州农村土地在实现土地适度规模经营的道路上要比东部地区更加困难。同时，农业剩余劳动要实现有序转移并为其提供稳定的就业机会也需要大量的资金投入。鼓励农村金融机构为农村农业规模经营主体提供信贷支持，加强农业金融服务，改善农业信贷的获取环境，为农村经济解决“融资难”问题。因此，要实现贵州省土地适度经营规模的前提就是必须要从经济方面着手，努力实现经济“又好又快”发展，使农村经济发展水平能够与土地适度规模经营相匹配，从而为农村适度规模经营提供必要的保障。

（3）培育优质劳动力，鼓励农村劳动力向第二、第三产业转移。

农民是发展农地适度规模经营的主体，由于土地资源的稀缺性，发展农地适度规模经营就不可避免地要减少劳动力供给。一方面，随着国民经济的快速发展，农业劳动生产率也在快速提高，要使农村剩余劳动力从繁重的农业劳动中解放出来，就必须开展农民技能培训班，为农村剩余劳动力提供相应的技能培训和就业帮助，使农村剩余劳动力与第二、第三产业之间对接。另一方面，劳动力向东部发达地区转移为东部城市经济的繁荣和发展送去了源源不断的发展后劲支持，但是这种城市经济的繁荣和发展是以牺牲西部欠发达地区农村经济发展和振兴为代价的。农地适度规模经营需要大量的资金投入，同时更需要高质量的劳动力的投入，然而高质量的劳动力不仅要具备必要的文化程度、体质状况，而且必须具备一定的科学技术水平，还必须具备一定的经营和管理能力。农地适度规模经营是一种商品性生产，这就要求从事农业适度规模经营的新型农业经营主体要具备专业的农业生产知识、企业家头脑以及必要的市场公关能力。因此，贵州省要实现土地适度规模经营，必须为农村经济发展注入新鲜的血液、新的活力，即新型农业发展人才；必须加大对农业人才的教育投入，为农村经济发展新型主体人员提供就业教育培训，同时也要加大农村留守儿童和留守妇女的教育投入，乡村振兴需要靠农民发挥内生动力，对农民投资是必不可少的。政府要根据实际情况出台必要的优惠政策以吸引外出的有能力的人员返乡创业就业，带动农村居民就业增收，从而为贵州农村土地实现适度规模经营提供源源不断的动力支持。建立健全劳务市场，不仅为农村剩余劳动力提供必要的就业信息，也能够促进农村剩余劳动力的合理有序转移，切实为实现贵州农村土地规模经营提供丰富的劳动力储备。

（4）建立健全农村土地流转市场。

由于农村集体耕地的流转是关系贵州省农村经济发展以及农村社会稳定的大事，而农村土地要实现适度规模经营的必要前提是农村土地能够实现有序自由地流转，农村土地适度规模经营不仅是经济发展到一定的水平下的产物，同时也是市场经济发展到一定规模下发展起来的新兴的乡村经济发展模式。然而现如今我国土地流转市场还尚未完善，土地流转市场信息不对称，从而形成了有土地的人不想种地却没有办法处理土地、没有土地的人想种地而找不到想要的土地的情况。正因为土地流转市场不完善导致有地却不愿意种地的农民把大量的土地抛荒而进入城市务工，进而造成了农村土地资源的浪费严重，无法提高土地资源利用率，农业劳动生产率也无法提高。贵州要实现农地适度规模经营必须建立并完善农村土地流转市场，保证土地有序高效流转，全力解决农村有地不想种的人以及想种地却无地可种的人之间的信息不对称问题，保证农业生产效率高效提升。

（5）提高财政在农业保险方面的补贴力度，降低新型农业主体经营风险。

农业的本质特征是自然在生产与经济再生产相交织的，农业生产过程中在很大程度上是受到自然因素影响的，尤其是像贵州这样的山地地形和本身所具有的特殊的地理结构和气候环境，在从事农业生产的过程中必须树立农业生产的风险意识。为农业生产提供农业保险就显得尤为必要，如果能够通过财政支出补贴农业保险，不仅能为从事农业生产方面的农业人员提供风险保障，而且还能提高农业生产经营者从事农业生产的积极性。在农业保险方面提供必要的支持，可以降低农业生产风险，保障农业生产经营风险，推动贵州土地实现规模经营，带动农民从事农业生产的热情与信心，从而实现农民从事农业生产的内生动力的激发，保证农业生产稳定增加，促进农民增收、农业增效。

建设土地流转综合服务平台。通过全国性的土地流转综合服务平台，为供求双方提供第三方鉴证，包括专业土地估值、法律咨询、合同签订、项目咨询等帮助和服务，运用土地流转大数据，让土地流转定价机制更透明，解除农民和规模经营户的顾虑。

（6）提供必要的技术支持。

当下是一个信息时代，我们生活在这样的大环境下就要求我们时刻保持学习，时刻更新我们自身已有的知识系统。农村土地适度规模经营是一个具备了一定的技术要求的活动，因为人们在从事这一活动的过程中必须具备农业生产经营知识、具备现代农业生产的机械使用技能、具备企业家头脑。贵州省要实现土地适度规模经营必须要重视现代农业机械、现代农业技术在整个农业生产中的作用。加大对现代农业机械、农业生产方面的技术资金投入，组建现代农业核心技术研发生产团队、专业的农产品加工团队、专业的农产品营销团队。重视农产品品牌建设并定期在农业技术生产、加工、销售等方面为农民进行职业技术培训。乡村振兴农民必须先行，农民先行必须实现农民的技术先行，只有从事农业生产的技术领先了才能提高农业生产率进而减少农产品生产所需要的社会必要劳动时间，帮助农民节约生产成本进而实现投入最小化实现最大化的生产目标。同时通过生产技术的投入和提高来逐步缩小或者是消除工业产品和农业产品之间存在的“剪刀差”，实现农产品增值，促进农民增收。

（7）政府需要提供配套性政策措施。

农地流转需要内部的协调，但是也需要政府的政策支持。政策因素虽然不是影响农业生产力的直接因素，但它却是对农业生产影响比较大的间接因素。农民在从事农业生产的过程中能种什么，不能种什么在很大的层面上是需要考虑制度要求的，除此之外，在农地流转的过程中也需要政府出台相应的政策来促进农村土地实现高效有序流转。政策措施的完善和落实程度直接影响着农村土地适度规模经营的效果和土地规模经营的实施进展。贵州是一个多民族聚居的省份，民族文化差异明显，在土地流转认知上也存在着巨大差异，因此，政府需要根据贵州本身所具有的实际情况，出台符合贵州土地规模经营的配套性措施来保证农村土地实现规模经营，确保新型农业经营主体种植作物有据可依有政策可保障。贵州省目前的农村“三变”改革就是对“三权分置”的深化和发展，应该出台更多的政策保障农地流转机制，实现农地的适度规模经营。

第 3 章　农地流转与贵州山地高效农业发展：效果评价

我国的高效农业发展现在已经取得了很大的成就，但是受到的关注却不多。这可能是由于 20 世纪 80 年代中期乡镇企业的异军突起吸引了大部分学者的注意力，而高效农业虽然也在不断地发展，但是与乡镇企业的发展相比还是有一定的差距，但是现在乡镇企业暴露出来的问题，要我们重新寻找可以转移农村剩余劳动力、提高农民收入途径，这是需要大力通过农地流转发展高效农业的现实要求。

土地是农村丰富的生产资源，要想普遍提高农民的收入，就必须想办法提高土地的生产效率。而我国人多地少的矛盾严重束缚了我国广大农村的生产方式，被迫维持在传统的、分散的小农生产方式上。只有通过农地流转以促进农村分散土地的集中，才能达到发展高效农业所需要的土地适度规模经营，这也是本章把农地流转和高效农业发展结合起来进行研究的原因。

2014 年 5 月 20 日省委书记在安顺市关岭县调研时强调："增加农民收入为主要目标……发展山地现代高效农业，加快贵州省农村脱贫致富和全面小康建设步伐"。随着发展高效农业的口号不断提出，贵州省对于发展高效农业方面的思路也有了不断的进展。针对这样的现状，课题小组于 2015 年 1 月对贵州省普定县、遵义县、金沙县的高效农业发展典型区域进行了走访和调研，分析农地流转高效农业的发展现状，并对农地流转、高效农业优化农村资源配置、优化农业生产结构以及促进农民收入增加的效果进行评价。

3.1　农地流转与高效农业发展的现状

3.1.1　农地流转与高效农业发展的概念

农村土地流转制度的建立是最近几年农村土地制度变迁中的热点和重点，同时也是我国农村一项十分重要的制度。广义的农地流转既包括农地权利的流转，又包括农地功能的流转；狭义的农地流转是指权利主体的农地权利部分或全部地从一个主体转移给其他主体的行为，即农地权利的流转。土地使用权流转的含义，是指拥有土地承包经营权的农户将土地经营权（使用权）转让给其他农户或经济组织，即保留承包权，转让使用权。可以通过转包、转让、入股、合作、租赁、互换等方式出让经营权，鼓励农民将承包地向专业大户、合作社等流转，发展农业规模经营。

高效农业的概念，不同的学者有不同的理解。关于高效农业的内涵，许多研究者认为，依靠科技进步，合理配置农业资源，兼顾综合效益是高效农业内涵的关键。高效农业要有较高的劳动生产率和农产品的商品化率，使农业成为农民增收致富的产业。其中王建法等（2010）[①] 认为高效农业是以市场为导向，运用现代科学技术、充分合理利用自然资源和社会资源，实现各种生产要素的最优组合，各种农业实用技术的科学集成，提高土地产出率、资源利用率、劳动产出率，生产多系列、多品种、多产量的质量安全农产品，最终实现经济社会、生态综合效益最佳的农业。这种说法也是目前较为严格的、规范的说法。总体来说，高效农业是充分利用现代科学技术以及各种管理知识，优化配置农业生产资源，最终实现经济、社会和生态综合效益最佳的市场化的高效率农业。

3.1.2 农地流转的现状描述

3.1.2.1 贵州省整体农地流转现状

贵州省的土地流转发展有序，不论是农户间的流转，还是农户与企业间的流转，都进行得顺利。课题组对贵州省整体的农地流转情况进行数据收集，以了解贵州省农地流转的发展趋势。据统计，贵州省农地流转情况如表 3－1 所示。

表 3－1 贵州省土地流转情况

年份	家庭承包耕地面积（公顷）	流转面积（公顷）	转入农户（户）	转入专业合作社面积（公顷）	转入企业面积（公顷）	农民专业合作社数量（个）	专业合作社成员数（户）
2003	1602895.01	56017.08	—	—	—	—	—
2004	1584722.46	51748.93	—	—	—	—	—

① 王建法，陈晓东，吕本国等．高效农业及其发展思路．中国农学通报，2010（7）：383－386.

续表

年份	家庭承包耕地面积（公顷）	流转面积（公顷）	转入农户（户）	转入专业合作社面积（公顷）	转入企业面积（公顷）	农民专业合作社数量（个）	专业合作社成员数（户）
2005	1551551.82	53052.67	—	—	—	—	—
2006	1999831.07	44980.56	—	—	—	—	—
2007	1962114.01	57033.81	—	—	—	—	
2008	2014046.40	89364.98	—	—	—	5825	91023
2009	1683167.42	148694.21	1534501	14393.60	12123.73	2442	129842
2010	1670175.02	185156.59	1695333	22721.85	16888.02	4265	283196
2011	1694396.87	239882.40	1890977	39360.86	24492.72	8786	560981
2012	1865548.19	287558.97	1790866	66288.86	43728.69	9602	562642
2013	2004842.36	392500.56	2586786	106244.60	68888.08	13351	649140

数据来源：《全国农村经济管理统计资料（2003～2013）》。

从表 3－1 可以看出，2003～2013 年，从流出方来看，农户流转土地的面积呈持续上升的趋势。从流入方来看，不管是农户、合作社还是企业的流入面积都呈较大幅度的增长。

从图 3－1 可以看出，贵州省农地流转是一个上升的趋势，且从 2007 年开始每年都有大幅度的增长，从 2007 年的 1962114.01 公顷上升到 2013 年的 2004842.36 公顷。由此可以看出，贵州省农地流转市场的潜力十分巨大，农民把土地流转出去的意愿也很强，这对贵州省通过土地流转形成规模经营促进高效农业发展提供了良好的平台。

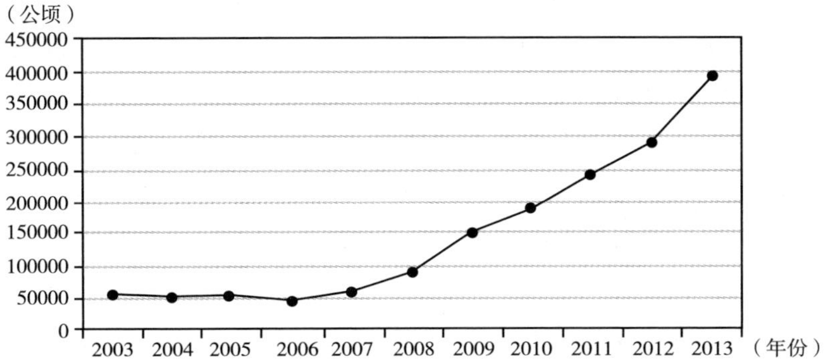

图 3－1　贵州省农地流转总量

从表 3－1 也可以看出，农民专业合作社和企业是农业规模经营的两个主要经营主体。从它们的流入面积来看，由于专业合作社的流转面积是从 2009 年才开始统计，因此从 2009 ~2013 年的趋势可以看出农民更倾向于把土地流转给专业合作社这样的经济组织。因为合作社多是由当地村民或者村委会发起，村民对它们的信任度高于外来的企业，为了降低风险，他们更倾向于把土地流转给专业合作社。

根据贵州省统计局统计，截至 2012 年年底，全省在工商注册登记的农民专业合作社有 13465 个，2012 年年底全省农民专业合作社从业人员有 17 万人，带动农户 13.5 万户，平均每个合作社有 12.1 人；尽管目前部分合作社管理水平普遍低下、组织机构不健全、管理制度不完善，合作社缺乏懂技术、会经营、精管理的人才，市场竞争力弱，但是通过趋势来看，专业合作社通过每年不断地转入土地对发展高效农业是有促进作用的。从表 3 - 1 还可以看出企业的土地流入面积也呈现出快速上升的趋势。目前，国家对农业的扶持和政策措施不断增大，越来越多的农业企业选择通过到农村流入土地来进行规模经营，这是贵州省大力发展高效农业的契机，也是贵州省完善土地流转市场的一个契机。

3.1.2.2 调研地农地流转现状

在对贵州省土地流转整体状况了解的基础上，课题组在研究过程中选取三个县，采取由调查人员利用调查问卷进行入户访问的方式，进行了一次较大规模的调查。课题组共访问了 3 个县、6 个乡镇、12 个村的 240 户农户，其中，有效样本为 228 户。本次调查共进行了 15 天时间，分别对贵州省普定县 87 户农民、遵义县 60 户农民和金沙县 81 户农民进行了调查走访。调研内容主要分为四个部分：第一部分为农户的基本情况，具体包括户主的基本情况、家庭收入情况、家庭经营土地情况等；第二部分为农地流转的基本情况，具体包括转入地的基本情况和转出土地的基本状况，关于土地的来源、租金、用途、流转方式以及是否签订流转合同等内容；第三部分为农地流转过程及影响因素，包括流转过程中的纠纷及解决方法等；第四部分为农户的土地流转意愿等内容。

从受访的 228 户农民的情况来看，从事农业生产经营的农户具有以下几个特征：一是从事农业生产活动的主要是中老年农民。近年来，随着大量青壮年农民外出务工，留在家里的多为留守儿童与留守老人，因此在农地上进行农业生产经营的人大多数为中老年农民。从户主的平均年龄来看，3 个样本县农户户主的平均年龄为 51.18 岁。二是平均受教育程度较低。这主要是因为从事农业生产活动的户主多数没有上完小学，而读完初中的年轻人又大多数选择外出务工。从调查样本来看，户主的平均受教育时间仅为 4.91 年，接近小学文化。作为如今的农业生产经营的主力军，多数已婚的农民都没有上完小学。三是平均家庭规模不大，三个样本农户的平均家庭规模为 5.36 人。四是贵州省平均耕地少。由于贵州地形特殊，多为山地，因此耕地较少，导致人均耕地也较少，满足不了一些想要扩大农业生产经营农户的要求。从样本农户来看，平均每户家庭承包经营的田地面积为 2.56 亩，旱地为 2.99 亩（见表 3－2）。

表 3－2　　调查样本基本情况　　单位：年，人

样本县	户主平均年龄	户主平均受教育年限	平均家庭规模	家庭平均承包田面积	家庭平均承包地面积
普定县	50.21	5.49	5.17	2.41	4.05
遵义县	52.91	4.34	5.5	2.6	1.86
金沙县	51	4.34	5.57	2.725	1.71

关于农地流转的基本情况方面。就本课题调查的样本县而言，贵州省的农地市场已经开始发育。从转入（包括有偿租入和无偿代耕等）农地情况来看，在调查的 228 户农户中，78 户有农地流入的情况发生，占调查农户总数的 34.21%；从转出方来看，转出农地的农户有 108 户，占调查农户总数的 47.37%。从流转的类型来看，在进行土地流转的 757.38 亩农地中，水田 370.78 亩，占流转总面积的 48.98%；旱地为 386.6 亩，占流转总面积的 51.01%。从农地流转的形式来看，农地租赁是主要的流转形式，在发生的 152 次流转中，通过租赁方式流转的就有 126 次，占 82.89%。另外，从表 3－3 中可以看出，金沙县水田面积远远大于旱地面积，这是因为金沙县的良好地理条件，从而也导致了该地区的流转价格高于另外两个地区。

表 3－3　　农地流转基本情况

样本县	农地流转转入（户）	农地流转转出（户）	农地流转面积（亩）			农地流转形式（次）	
	转入	转出	合计	水田面积	旱地面积	租赁	其他
普定县	44	46	494.18	163.78	330.4	64	8
遵义县	14	32	115.2	89.6	25.6	30	8
金沙县	20	30	148	117.4	30.6	32	10
合计	78	108	757.38	370.78	386.6	126	26

根据调研的贵州省农民收入状况，流入农户、流出农户和未参与农户的人均

纯收入情况如表3－4所示。整理数据可以得到，参与土地流转的农户的人均纯收入要大于未参与流转的农户。从贵州省全省来看，转入农户的人均纯收入最高，转出户次之，未参与流转农户的人均纯收入最低。

表3－4　参与流转与未参与流转农户的收入情况　单位：元

样本县	全省	转入户	转出户	未参与农户
人均纯收入	3240.86	3245.61	3206.94	3251.56

关于农地租赁情况方面。农户之间进行农地租赁的原因可以从供给和需求两个方面来进行分析。从租入农地的原因来看，农户租入土地的主要原因在于：第一是劳动力剩余，由于家里新增人口的家庭原有承包地不能完全满足其基本的生存要求，家庭劳动力剩余，因此，承租农地耕种以解决基本的生存问题就成为这些农户租入农地的主要原因。第二是扩大生产，一些农户由于自身拥有较好的耕种技术，耕地也是一条增加收入的有效途径，因此选择流入土地扩大生产，增加家庭收入（见表3－5）。从调查情况来看，三个样本县有54次农地流转的发生是为了不让劳动力剩余而且满足自家粮食需求，有24次的农地流转的发生是为了扩大生产，增加收入。

表3－5　农户流入土地原因　单位：次

样本县	劳动力剩余	扩大生产	其他	合计
普定县	34	8	10	52
遵义县	8	8	0	16
金沙县	12	8	10	30
合计	54	24	20	—

从出租农地的原因看来，农户之所以将自己的农地出租给他人耕种或者进行其他农业生产经营，原因也是多方面的，但其中主要的原因是各种因素导致的家庭劳动力的不足和认为传统的农业生产已经满足不了生活的要求而外出打工。还有一部分是由于当地政府为了促进当地的财政收入引进企业而迫使不愿流出土地的农户流出土地给企业。从表3－6中可以看出，在农户出租农地的行为中，有48户是由于政府强制流转的，有28户是认为如今种地已经不赚钱，还不如外出务工挣得多。

表 3－6　　农户流出土地的原因　　单位：次

样本县	劳动力不足	种地不赚钱	政府强迫	其他	合计
普定县	6	12	12	10	40
遵义县	4	6	18	2	30
金沙县	8	10	18	0	36
合计	18	28	48	12	—

从农地流转的对象来看，流入土地的对象基本上都为本村的亲戚或者朋友，流出农地的对象一部分为普通农户，少部分为种植大户，剩下的多为企业或者村集体。这是由于随着现代农业的发展，贵州省各地区都在大力发展农业，引入农业企业以带动当地发展。因此由政府引导，参与农地流转的农户越来越多。但是由于农民的土地情结，大多数农民会认为这是一种强制性的行为。

从土地流转方式来看，贵州省农地流转方式主要是转包、出租和赠予这三种方式，其中，转包方式是最多的，这种情况也多出现在流入土地的情况中（见表 3－7）。

表 3－7　　农地流转方式

样本县	转包	转让	出租	互换	赠予	入股
普定县	16	0	20	0	8	2
遵义县	10	0	4	0	2	0
金沙县	16	0	0	0	0	0
合计	42	0	24	0	10	2

从契约的形式进行分类，农地租赁契约分为书面契约和口头契约两种形式。从理论上说，在其他条件相同的条件下，市场发育成熟度越高，农户之间的就农地租赁行为签订契约时选择书面契约的比例越高；相反，市场发育成熟度越低，农户之间租赁农地时达成口头契约的比例就越高。从调查情况来看，如果流入方为普通农户的，契约形式都为口头契约；如果流入方为企业或者村集体的，契约形式都是书面契约。在四个样本县中，农户在流入土地时，高达 98.78% 的农户采取了口头契约；在农户流出土地时，口头契约的比例为 67.32%。

从土地流转的协商方式来看，也是不尽相同的，对于农户与企业之间的流转，基本上都是通过村组同意，甚至是由村组引导与企业进行合作的。对于农户间私下的流转，基本上是没有向村组进行报备的，他们觉得没有必要向村小组征求意见。

3.1.3 高效农业发展的现状描述

发展高效农业，可以优化农业生产资源配置，提高农业生产率，实现经济、社会和生态综合效益最佳的市场化农业发展。贵州省贫困县数及贫困人口数虽处于全国落后水平，但山地资源丰富、比较优势明显，适合发展高效农业，以提高全省农业生产水平，改善农民收入与生活。

2013 年，贵州省委、省政府做出“5 个 100 工程”的安排部署，将“100 个农业示范园区”作为“5 个 100 工程”战略部署之一，并制定下发了《贵州省 100 个现代高效农业示范园区建设 2013 年工作方案》，共筛选创建 113 个现代高效农业示范园区，全面启动了贵州省高效农业的建设发展工作。截至 2015 年年底，发展高效农业园区 326 个，主要农产品包括蔬菜、粮油、茶叶、水果、花卉、中草药、烟草以及牛、羊、猪等种养殖产品，产业规模较大，生产效益较高，有效实现贵州省山地农业的高效发展。

2013 年，贵州省的现代高效农业示范园区为 113 个，2014 年增加到 213 个，2015 年增加到 326 个。不仅建设的园区个数快速增多，园区的基础设施不断完善，生产要素聚集效果明显，产业规模迅速扩大，总产值也不断增加，农业生产效率得到有效提高，高效农业快速发展。

（1）基础设施不断完善。

贵州省是我国最落后的地区之一，地貌特征以山地、丘陵为主，少有平原。崎岖的山地地貌阻碍了乡村基础道路的建设发展，灌溉管网、温室大棚等农业设施的建设也比平原地区难度更大，贵州省高效农业示范园区发展初期基础设施建设面临一定困难。近三年来，贵州省在现代高效农业示范园区总体布局规划中，重视基础设施建设、克服山地地区基础设施建设的困难，园区的基础设施不断完善（见表 3 – 8）。在道路设施方面，2013 年贵州省现代高效农业示范园区完成机耕道路建设 2758 千米，2014 年累计完成建设 8427 千米，2015 年累计完成建设 13715 千米，基本解决贵州山地高效农业发展的道路阻碍。此外，高效农业园区内农业基础设施的建设也不断完善。2013 年，高效农业园区建成灌溉管网 6448 千米，2014 年为 17661 千米，2015 年为 32569 千米。各园区温室大棚与标准化圈舍设施完善较快，2013 年分别为 449 万平方米与 147 万平方米，2015 年分别为 1651 万平方米与 850 万平方米。贮藏保鲜库房能够最大限度地保存采摘后农产品的营养及新鲜品质，2013 年贵州省现代高效农业示范园区建成的贮藏保鲜库房为 40 万立方米，2014 年增加到 135 万立方米，截至 2015 年年底，高效农业园区建成贮藏保鲜库房 245 万立方米，对维持农产品保鲜贮藏、保障贵州高效农业产品品质、打造贵州品牌都起到重要作用。

表 3－8　贵州省现代高效农业示范园区基础设施建设情况

年份	机耕道路（千米）	灌溉管网（千米）	温室大棚（万平方米）	标准化圈舍（万平方米）	贮藏保鲜库房（万立方米）
2013	2758	6448	449	147	40
2014	8427	17661	1149	490	135
2015	13715	32569	1651	850	245

（2）投资引资进展顺利。

现代高效农业示范园区是贵州省农业与产业发展的重要布局，发展高效农业，能够较好地发挥贵州独特的资源禀赋，发挥生态农业优势，提高农业产业化水平，改善贵州农村与农民贫穷落后的状况。在省委、省政府的高度重视与支持下，现代高效农业示范园区的发展得到充足的资金支持，除各级财政和部门整合资金投入外，贵州省政府还搭建现代山地特色高效农业招商引资平台，吸引了大量社会资本投入高效农业中来。

2013 年，贵州省现代高效农业示范园区完成投资 411 亿元，是年度计划数的 2.4 倍。其中，各级财政部门整合资金投入 118.46 亿元，占园区总投资的 28.82%。2014 年完成投资 862.9 亿元，占年度计划数的 172.5%，各级财政部门整合资金投入 249 亿元，占园区总投资的 28.8%。2015 年完成投资 1227.5 亿元，占年度计划数的 153.3%，各级财政部门整合资金投入 391.8 亿元，占园区总投资的 31.9%。截至 2015 年年底，贵州省现代高效农业示范园区累计完成投资 2501.4 亿元，其中各级财政部门累计整合资金投入 759.2 亿元。

自 2013 年起，贵州省政府每年都举行现代山地特色高效农业招商引资会，以此平台宣传贵州高效农业的发展，促进各方交流，吸引社会资本投入，实现互利共赢。2013 年，贵州省现代高效农业示范园区签约项目 768 个，签约资金为 869.4 亿元，当年到位资金 208.8 亿元，资金到位率为 24%。2014 年签约项目 750 个，签约资金为 987.3 亿元，当年到位资金 272.2 亿元，资金到位率为 27.5%，落实 2013 年招商引资项目到位资金 222 亿元。2015 年签约项目 1002 个，签约资金为 1274.4 亿元，当年到位资金 451 亿元，资金到位率 35.4%。截至 2015 年年底，贵州省现代高效农业示范园区累计签约项目 2491 个，签约资金为3154.3亿元，累计到位资金1251亿元，资金到位率39.6%（见图3-2）。

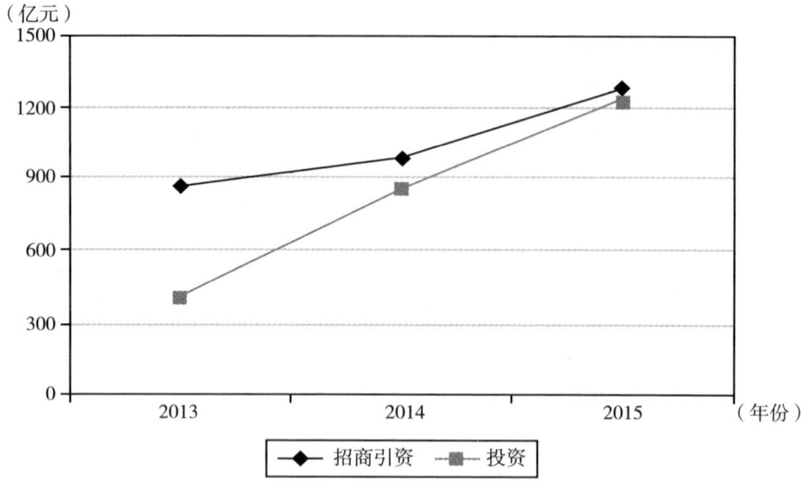

图3-2 贵州省现代高效农业示范园区投资与招商引资

政府投资与社会资本的注入，使得贵州高效农业的发展完全区别于传统农业。高效农业实现资本要素的聚集，有效地克服小农经济的缺点，有助于构筑现代化农业体系，农业向产业化、规模化发展，专业化、集约化水平得到提升，生产效益大大提高。同时，大量资本的注入增强高效农业市场导向性，园区内的农业企业和农民合作社能与市场紧密结合，生产的产品具有山地特色优势的同时也具有市场化特征，有助于实现农业的可持续发展。

［**专栏3.1**］

加快农业园区建设步伐　助推现代高效农业发展

为进一步探寻“现代高效农业发展”的有效路径，努力促进农业“一二三产业”融合健康发展，近日，我们深入县内乐意蔬菜、乐山花卉苗木、遵义台湾休闲观光农业博览园、茅台生态农业循环产业园、枫香蔬菜、龙坪万亩玫瑰产业园、泉源食用菌等现代农业综合园区，对全县以现代农业园区建设为载体，加快现代高效农业发展作了调研。

（1）园区建设情况。

目前，全县启动建设各类现代高效农业示范园区7个，其中，蔬菜种植3个、花卉苗木种植3个、食用菌生产1个，均已申报为省“5个100工程”。

各园区紧紧围绕新品种展示、科技研发、技术培训、试验示范、农业体验、休闲观光、市场开发等核心功能有序推进，已累计完成投资27亿元，占计划总投资62.2亿元的43.4%，其中，2014年完成投资14.93亿元；实现总产值34.41亿元，销售收入32.18亿元，实现利润6.13亿元；园区农民人均纯收入达14787元，高于全县农民人均纯收入4982元。

第一，优化布局促进农业结构调整。一是区域布局逐步趋于合理。坚持区域板块经济引领现代农业发展的理念，立足区域基础、资源禀赋和优势品种等，认真编制了《遵义县现代农业示范区发展规划（2012～2017）》《遵义县现代山地高效农业发展规划（2015～2020）》和《遵义县循环农业发展规划（2015～2020）》，重点围绕特色蔬菜、花卉苗木、种养结合、食用菌等优势主导产业。二是农业结构不断优化。按照区域化布局、规模化管理、标准化生产、市场化运作、社会化服务的要求，以工业理念狠抓现代农业发展，努力破解现代农业发展中的用地、融资等“瓶颈”。

第二，创新科技提升农业综合效益。坚持以现代科技为依托，引进现代农业装备、现代先进技术和现代农业经营理念，采用“新技术、新品种、新设施、新方法”推动农业产业化发展，提高单位土地产出效益，使建成后的农业园区真正成为先进农业科技成果转化、孵化、推广、示范的基地。一是农业科技创新逐步推广。坚持把“四种工程”建设作为基础性工程，走“引、试、繁、推”一体化路子，选育、引进和推广适合本地产业发展的优良品种提高单位土地产出效益。二是农业现代装备逐步推广。引进智能温控设施、信息化管理设施、水肥一体化设施等应用于农业生产，大大减少了自然灾害对农业生产的危害，降低了劳动强度，节约了劳动成本，提高了生产效益，保障了农产品质量安全，促进了农业向精细化、精准化方向发展。三是农技人才素质逐步提升。一方面，通过积极与贵州大学、省农科院等单位合作，开展产学研，解决了自身技术力量不足问题；另一方面，现代农业园区在建设过程中，根据园区建设生产发展需要，有针对性地引进适用农业科技人才，为园区健康发展提供了技术保障。

第三，示范引领带动群众增收致富。一是带动种养业发展。始终坚持“政府引导、企业主导、市场主体”的运行模式，鼓励、引导农业龙头企业、农民专业合作经济组织领办、创办现代农业园区，实现规模化、产业化生产运营，形成了“企业＋合作社＋基地＋农户”的良好发展格局，促进了相关产业的发展，带动了群众增收致富。二是带动乡村旅游发展。现代高效农业示范园区的建设，助推了园区所在镇（乡）周边新农村升级版的打造，可以说，建成后的农业园区，就是一幅非常精致的“盆景”，也是一个让人流连忘返的“景点”。三是带动了农村剩余劳动力就业。现代高效农业示范园区的建设，直接解决了园区周边农村剩余劳动力（绝大多数为中老年妇女）2.6万人就业，间接地带动周边群众种植蔬菜、开办农家乐和乡村旅馆等3.2万人就业。

第四，加大投入助推农村环境改善。自2012年以来，充分发挥政府投入的“杠杆”和“酵母”作用，县财政累计兑现现代农业政策扶持资金1亿元，整合各部门涉农资金3.5亿元，争取国家、省、市等上级产业化扶持资金、蔬菜发展资金、林业生态示范及土地整治等农业综合开发项目资金5000余万元投入现代农业园区建设，撬动、吸引各种社会资金6亿多元投入并加快了园区周边新农村建设和农村基础设施建设，极大地改善了农村生产生活环境。一是推进了“四在农家·美丽乡村”建设；二是助推了农村基础设施建设；三是推动了农村环境升级。

（2）存在问题。

第一，土地资金等“瓶颈”制约农业园区发展。一是土地“瓶颈”。一方面，土地流转难度大。农业园区大多选择地势平坦、交通便捷、基础设施较好的“肥肉”，为群众留下土层较薄、土质较差、耕作不便的“瘦肉”，一定程度上挫伤了群众流转土地的积极性，导致土地集中连片难，无法实现规模生产并增加了生产成本。另一方面，土地手续办理难。二是资金“瓶颈”。现代高效农业园区建设是一项庞大的系统工程，建设资金需求量较大，但由于园区自身贷款抵押物较少（或没有），抵押贷款额度极小；金融体系不健全，银行放贷意愿不强；上级支持园区建设指标少，园区之间竞争大；地方财政紧张，配套建设资金较少等原因，导致农业园区建设资金短缺，严重影响了园区建设进度。

第二，基础设施滞后影响农业园区发展。近年来，虽然全县通过进一步加大财政投入，整合各级项目资金，吸引各种社会资金用于农村基础设施建设，农村生产生活条件极大改善，但基础设施相对滞后仍是制约现代高效农业园区建设的“短板”，一定程度上影响了园区建设进度。一是水利设施滞后。一方面，现有部分沟渠、水池、山塘等水利设施年久失修，没有充分发挥其应有效益；另一方面，农业园区在发展过程中必需的高位水池、喷（滴）灌设施、管网系统等又远远跟不上，在很大程度上制约了农业园区的建设和发展。二是交通设施滞后。受山区自然条件的制约，就在建各级示范农业园区而言，园内机耕道、生产便道等极少，增加了业主发展种植（养殖）劳动力成本。三是相关设施滞后。目前，供电部门虽对农村部分电力设备进行了改造，但仍然存在部分电力设施老化、设备不足、线路布局不合理等因素；通信设施不健全，现代信息技术设备不能正常使用；天然气网络不健全，不能满足园区建设需求；等等，影响了现代农业园区建设的进度和质量。

第三，服务体系不健全影响园区发展。一是人才资源缺乏。现代高效农业园区建设需要更多复合型人才队伍，而园区建设的人才需求与当前人才现状存在较大差距。二是考核机制不健全。由于对相关部门、项目镇（乡）考核奖惩制度不健全等原因，导致个别部门和镇（乡）主动服务园区建设力度不够，影响了农业园区建设进度。

（3）几点建议。

建设现代高效农业园区，不仅能带动全县蔬菜、辣椒、花卉苗木、精品水果和乡村旅游等产业的发展，促进广大农民增收致富，而且能进一步提高农民的生活质量、保护生态环境，更是统筹推进精准扶贫与全面小康同步和推动社会主义新农村升级版创建的有力抓手。我们必须坚定不移地按照“努力把农业园区打造成调结构、转方式、促增收重要平台”的目标要求，进一步转变工作作风，强化工作措施，力求工作实效，充分发扬“马上精神”和“钉钉子精神”，全力加快现代高效农业园区建设，奋力打造“农旅文一体化”农业综合体，努力促进农业“一二三产业”融合健康发展。

第一，进一步统一思想认识，大力发展现代高效农业“载体”。通过召开专题会议，分类研究支持农业园区建设政策、资金等问题和考核奖惩工作，制定农业园区建设长效投入机制和管理机制。

第二，进一步加强基础设施建设，全力改善农业园区建设“硬环境”。加快农业基础设施建设，是推动现代农业园区建设，促进农村经济和现代农业发展的重要措施。一要加强交通设施建设。加强园内机耕道、生产便道等道路建设，努力解决园区建设生产物资运进和产品的运出难题。二要加强水利设施建设。要及时修复已建沟渠、山塘、提灌站、喷（滴）灌设施、管网系统等灌溉系统设施，充分发挥现有水利设施综合效益。三要继续加强供电、通讯、天然气等设施的升级改造，不断提高各类公共设施的承载能力。

第三，进一步强化协调服务，努力营造良好发展“软环境”。一要努力破解土地难题。园区所在镇（乡）要以农村土地制度改革为契机，进一步加大土地确权登记颁证工作，建立健全农村土地流转服务平台，完善农村土地流转激励机制，采取土地租赁、股份合作、土地置换、反租倒包等多种方式，鼓励农民以土地为资本进行投入，减少企业投资压力，确保园区发展中的种植用地，努力实现企业增效和农民增收“双赢”。同时，在严格控制农业园区必要建设用地指标的前提下，通过将其建设用地“产权化”，努力解决企业办理相关审批手续和抵押贷问题。二要努力破解融资难题。鼓励县域金融机构大胆改革创新，多些“雪中送炭”，少些“锦上添花”，设立园区建设专项贷款资金，发挥资金的放大效应，千方百计支持现代农业园区发展。三要努力破解人才难题。通过继续与贵州大学、省农科院等单位合作，鼓励现有复合型专业技术人才到现代高效农业园区管委会工作，鼓励农业园区聘请高素质技术人才等方式，努力为现代高效农业园区建设提供人才保障。四要努力破解相关难题。园区所在镇（乡）要进一步通过强化农民培训、组建劳务公司等方式，努力破解园区建设用工难、失地农民就业难、增加农村村级集体经济积累难等问题；要结合正在开展的农村小型水利工程产权体制改革工作，进一步明晰现有农村小型水利工程产权，通过租赁、拍卖等方式，努力破解园区种植用水难题。

（3）经营主体不断增多。

贵州省现代高效农业示范园区的经营主体主要为企业与农民合作社。企业与农民合作社经营以市场化为导向，能够有效实现各种生产要素的聚集，推动农业技术进步，提高农业生产效率，实现高效农业发展。

2013 年，入驻贵州省现代高效农业示范园区的企业共有 1454 家，其中省级以上龙头企业 283 家，注册资金 500 万元以上企业 622 家；培育农民合作社 1436 家，社员 10.8 万人。2014 年，共有 2421 家企业入驻高效农业园区，其中省级以上龙头企业 388 家，注册资金 500 万元以上企业 1211 家；培育农民合作社 2771 家，社员 44 万人。截至 2015 年年底，贵州省现代高效农业示范园区共入驻 3530 家企业，其中省级以上龙头企业 480 家，注册资金 500 万元以上企业 1955 家；

培育农民合作社3633家，社员59.4万人（见图3-3）。

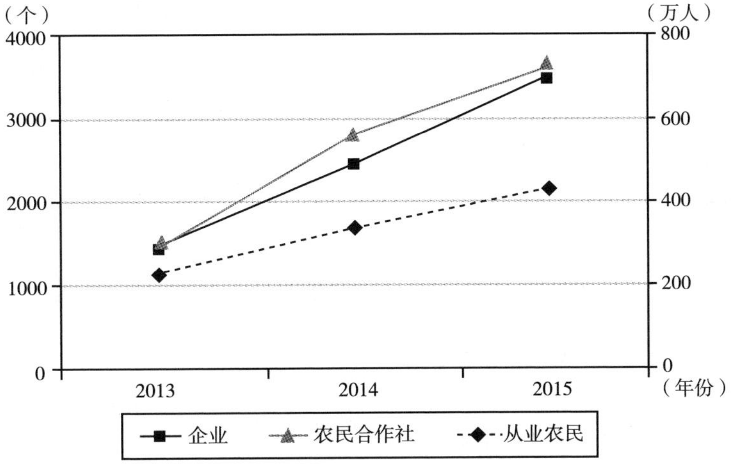

图3-3　贵州省现代高效农业示范园区经营主体情况

与此同时，高效农业园区吸纳大量本地农民就业，劳动力资源向园区聚集，农业生产效率得到提高。农民在本地就能实现就业，这也促进了农民收入的增加，提高改善了农民生活。2013年贵州省现代高效农业示范园区内共有从业农民223.8万人，其中参与企业及合作社人数42.6万人。2014年从业农民共332.7万人，其中企业及合作社聘用103万人。2015年高效农业园区内从业农民数增加到431.2万人，其中参与企业及合作社人数215.4万人。

（4）经营规模不断扩大。

要实现高效农业发展，必须通过农业规模化经营。现代高效农业示范园区通过向农户进行农地流转，使土地资源有效聚集，从而实现农业规模化、产业化经营，且经营规模不断扩大，高效农业的产值也不断增加。

2013年，贵州省113个现代高效农业示范园区的种植基地面积为385.2万亩，农产品总产量为429万吨；共出栏猪、牛、羊等319万头，禽类2450万羽，鱼4713万尾。2013年，贵州省现代高效农业示范园区的总产值为381.6亿元，总销售收入为290.3亿元。

2014年，现代高效农业示范园区增加到213个，种植基地面积扩大到796万亩，全年种植农产品总产量为999.6万吨；共出栏猪、牛、羊等685万头，禽类5337万羽，鱼193705万尾。当年现代高效农业示范园区总产值为993.2亿元，总销售收入771.2亿元（见图3-4）。

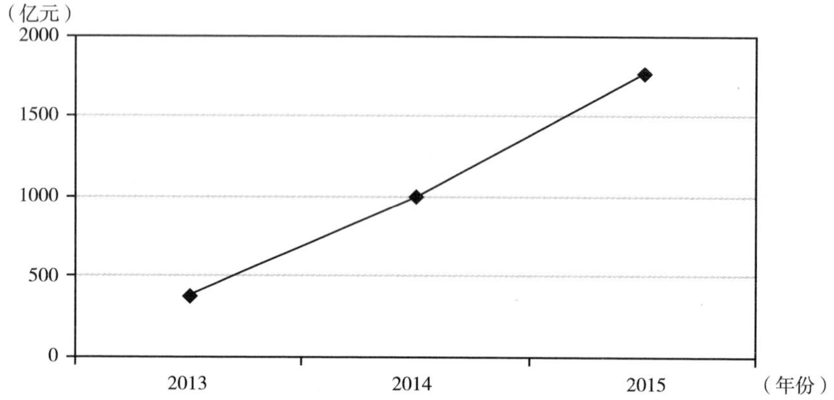

图 3-4 贵州省现代高效农业示范园区产值

2015 年，高效农业园区增加到 326 个，种植基地面积共有 1123 万亩，农产品总产量达到 1464.8 万吨；共出栏猪、牛、羊等 891 万头，禽类 11494 万羽，鱼 56080 万尾，且截至 2015 年 12 月底，有存栏猪、牛、羊等 643 万头，禽类 3467 万羽，鱼 48928 万尾。2015 年实现总产值累计 1770.1 亿元，总销售收入 1317.2 亿元；自 2013 年实施"100 个农业示范园区"战略部署以来，贵州省现代高效农业示范园区累计实现产值 3144.1 亿元，总销售收入 2375.2 亿元。

贵州省的高效农业除了以现代高效农业示范园区为主要发展方式外，也通过园区辐射到个体农户，个体农户学习高效农业的发展思路与方法，接受先进的农业生产技术，继而对家庭农业经营进行调整，使家庭经营农业也向生产效率更高、生产结构更优化、资源配置更有效的方向发展。

3.2 农地流转、高效农业发展对资源优化配置效果的评价

贵州省农地流转与高效农业的快速发展，有效地促进了农业规模化、产业化发展，并且促进了大量企业参与农业生产经济活动，有效发挥了市场机制在土地资源配置中的重要作用，弥补了传统小户不够有效使用土地资源的缺陷，使土地、劳动与资本等生产要素实现有机结合，不仅提升了农业生产效益，还达到了资源优化配置的效果。

3.2.1　对土地资源的优化配置效果

土地资源是农业发展的资源要素，农地流转使土地集聚得以实现，规模化的农业发展让土地资源得到优化配置，大大提高了其利用效率。评价农地流转下高效农业的发展对土地资源优化配置的效果，可用农业土地资源利用率衡量。农业土地资源利用率可选择土地产出率指标来表示，土地产出率是指在一定时间内单位土地面积上所取得的产值或产量，可用单位耕地面积产值或产量表示。土地产出率体现了土地资源综合利用的水平，能够直接体现农业生产的经济效益。

为比较高效农业与非高效农业对土地资源优化配置的不同效果，笔者根据走访调研得到的实际情况以及现如今贵州农业发展的整体情况，选取蔬菜、园艺作物种植，水果、坚果、饮料和香料作物种植以及中药材作物种植作为高效农业的代表，选取谷物作物种植为传统的非高效农业代表。通过收集 2003 ~ 2014 年贵州省这四大类代表高效农业及非高效农业的作物的种植面积以及产值数据，可以计算得到这四类作物的土地产出率，继而分析各类作物土地产出率的趋势变化，评价农地流转与高效农业发展下农业土地资源利用率的优化效果。

从图 3 – 5 可看出，代表贵州省高效农业发展的三类作物的土地产出率均明显高于非高效农业作物的土地产出率，且高效农业的土地产出率呈上升趋势，非高效农业的土地产出率发展平缓。2003 年，高效农业仍处于起步发展阶段，高效农业与非高效农业作物的土地产出率差距不大，高效农业略高于非高效农业。随着高效农业在贵州省的不断推进，高效农业种植作物逐渐实现规模化、产业化生产，产量与产值都明显增加，其土地产出率也明显增大，土地资源利用率有效提高。中药材作为贵州省的传统优势产品，是高效农业重要的种植作物，得到合作社、企业与政府的大力扶持，2004 年中药材的土地产出率大幅增加，2010 年达到 0.58 亿元/千公顷，此后由于贵州盛产的几种中药材在中药材行业中整体价格下降，导致中药材产值有所减少，但其土地产出率仍然处于贵州省的较高水平。水果、坚果、饮料和蔬菜、园艺作物也是农业规模化种植的主要作物，随着高效农业的发展，其土地产出率也不断增加。2003 年水果、坚果、饮料和香料作物的土地产出率为 0.11 亿元/千公顷，2009 年增加到 0.17 亿元/千公顷，至 2014 年增加到 0.30 亿元/千公顷。2003 年时蔬菜、园艺作物的土地产出率为 0.16 亿元/千公顷，2009 年增加到 0.26 亿元/千公顷，之后蔬菜、园艺作物高效农业发展的主要种植作物其产值快速增加，2014 年增加到 0.79 亿元/千公顷。

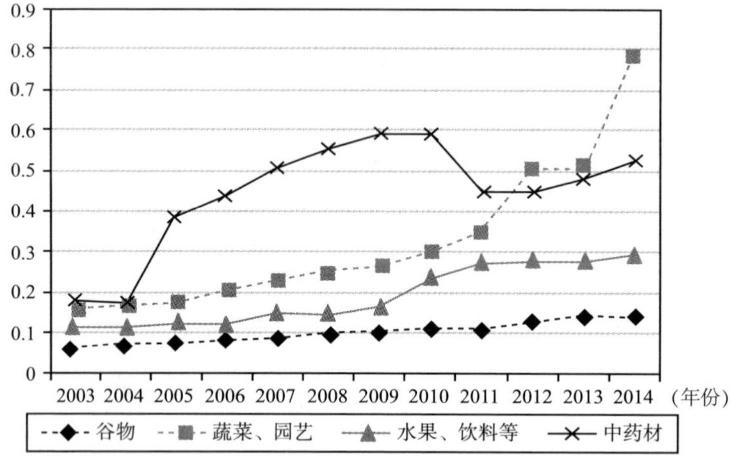

图 3－5 贵州省高效农业与非高效农业的土地产出率

比起高效农业种植作物土地产出率的大幅增加，非高效农业种植作物未能实现对土地资源的优化配置，其土地产出率呈现非常缓慢的增加趋势。谷物作为传统农业种植的代表，未能实现高效农业的规模化、产业化发展，其土地产出率的提高主要依赖技术进步，而技术进步是一个长期的过程，因此，非高效农业的谷物作物土地产出率增加非常缓慢。2003 年，谷物作物的土地产出率为 0. 06 亿元/千公顷，2009 年仅增加到 0. 1 亿元/千公顷，至 2014 年也仅为 0. 14 亿元/千公顷。

从前面分析可知，自 2009 年起农民更倾向于把土地流转给专业合作社或企业这样的经济组织，2009 年之后企业与专业合作社的土地转入面积都大幅增加，高效农业发展迅速，农业规模化、产业化得以实现。自 2009 年后，相比起谷物这种非高效农业作物土地产出率的缓慢变化，作为高效农业代表的蔬菜、园艺作物以及水果、坚果、饮料和香料作物的土地产出率大幅增加，中药材作物的土地产出率由于自身原因虽有所下降，但仍处于较高水平。农地流转、高效农业的发展迅速，土地产出率也迅速增加，农业土地资源利用率得到提高，优化土地资源配置效果明显。

3. 2. 2 对劳动力资源的优化配置效果

农业劳动力资源利用率可以用劳动生产率或者劳动力利用率表示，农业劳动生产率是指在单位时间内一个农业劳动者的产品生产量，劳动利用率是指农业劳动力的利用程度，即农业劳动力参与农业劳动的程度。在刘易斯两部门理论中，以工业为主的现代部门劳动力的边际生产率较高，以农业为主的传统部门劳动力的边际生产率则非常低，劳动力从传统部门转移到现代部门，不仅不会减少产出总量，反而能够提高劳动生产率，也就是说，劳动力在两部门间的转移使得劳动力资源实现优化配置。农地流转使得农业的规模化、现代化发展，高效农业逐渐形成，这提高了农业生产的效率，同时，农地流转到合作社、企业手中促进了农村剩余劳动力向非农部门的转移，劳动力参与农业劳动的程度降低，但农业生产率提高，且农村劳动力转移到现代部门之后工资性收入得到提高，达到优化劳动力资源配置的效果。

从表 3－9 可看出，近十几年来贵州省的农村人口数虽不断增加，但从事第一产业的人员数呈下降趋势，有效地实现了农村劳动力由传统农业部门向现代非农部门的转移。与此同时，贵州省的土地产出率却不断上升，在农业从业人口减少的同时农业生产效率不断提高，农业劳动力资源利用率明显提高，农地流转下高效农业发展优化劳动力资源配置效果明显。

表 3－9　贵州省农村劳动力农业的就业情况

年份	第一产业人员（万人）	农村人口数（万人）	年份	第一产业人员（万人）	农村人口数（万人）
2001	1692.30	2777.85	2008	1630.00	3385.66
2002	1698.39	2828.84	2009	1626.40	3429.35
2003	1671.20	2911.15	2010	1209.55	3512.92
2004	1672.29	2955.49	2011	1194.39	3551.18
2005	1670.00	2989.22	2012	1189.04	3557.14
2006	1633.00	3295.08	2013	1179.76	3584.17
2007	1634.70	3346.09	2014	1171.02	3616.27

近三年来，贵州省现代高效农业示范园区的发展也是效果显著。2013 年贵州省共有高效农业园区 113 个，2014 年增加到 213 个，2015 年增加到 326 个，约为 2013 年的 3 倍。高效农业园区吸引大批社会资本注入，2013 年当年实现签约资金 869.38 亿元，2014 年为 987.38 亿元，2015 年当年更是签约 1267.79 亿元，企业个数不断增多，实现资本向高效农业的聚集。高效农业示范园区的快速发展，也为当地农民提供了就业机会，农民进入示范园区打工，不仅可以获得土地流转的收益还可以获得工资收入。因此，许多农民特别是稍微年迈一点的农民不再需要外出打工，在本地就可以实现就业，还能获取不低的收入。2013 年贵州省高效农业园区实现农民就业 223.77 万人，2014 年增加到 332.71 万人，2015 年实现农民就业 431.5 万人，劳动力资源配置得到优化（见表 3－10）。

表 3－10　贵州省现代高效农业示范园区推进情况

年份	园区个数	签约资金（万元）	企业个数（家）	从业农民人数（万人）
2013	113	8693829.35	1454	223.77
2014	213	9873826.80	2421	332.71
2015	326	12677883.00	3530	431.50

3.3 农地流转、高效农业发展对农业生产结构优化效果的评价

传统的小农种植由于资金、技术和农户自身科技文化素质等因素的限制，不能实现统一规划的种植经营，农业生产结构得不到优化调整。因此，对于农业生产结构的优化调整，要从实际出发进行区域布局规划，积极引导农户通过多种形式进行农地流转，促进土地向经营大户、农民专业合作社以及企业集中，规模化发展效益较高的项目，从而提高土地综合利用效益，推动农业产业化、经营规模化程度，实现高效农业发展。

自 2009 年以来，贵州省农地流转中转入专业合作社和企业的面积呈大幅增长趋势，到 2013 年企业转入面积是 2009 年的 3 倍以上，专业合作社达到 5 倍以上，农地流转积极进行（见图 3－6）。土地这一重要的农业生产要素不仅得到集中，而且向专业合作社和企业集中，有效地实现了农业生产的统一规划。企业与

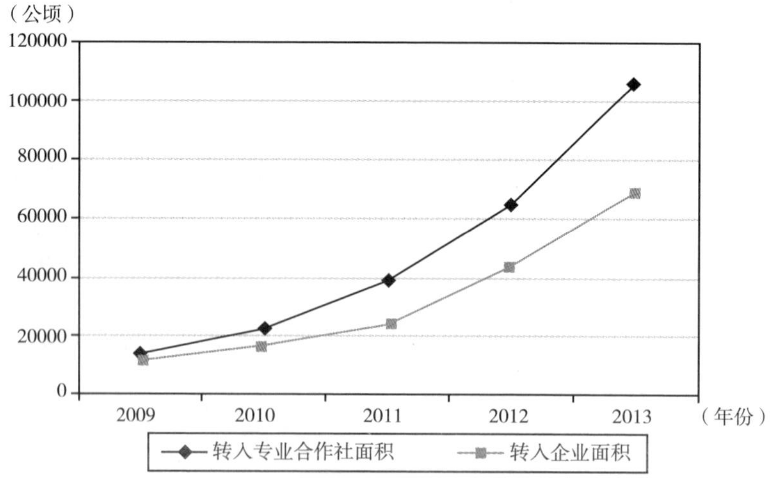

图 3－6　贵州省专业合作社与企业的流入土地面积

农民专业合作社的市场组织化程度更高，并及时接收市场信息，以市场为导向，结合当地自然资源进行生产经营活动规划，农业生产结构得到有效调整与优化。

农业生产结构优化效果的评价，仍以谷物作为非高效农业的代表作物，以蔬菜、园艺作物，水果、坚果、饮料和香料作物，中药材作物以及茶叶作物作为高效农业的代表作物，通过计算这五类作物的种植面积占总种植面积的比例，来评价农业生产结构优化效果。

从表 3－11 可以看出，在农地流转、高效农业的发展下，贵州省的农业生产结构得到有效优化，各类作物的种植向更高效率的方向发展。作为非高效农业的代表作物，谷物的种植面积在各类作物种植总面积中的比例呈下降趋势，2001 年谷物的种植面积比例高达 85.16%，2009 年降低到 76.87%，2014 年更是降至 64.83%，降幅较高。而各类高效农业作物的种植面积则不断扩大，特别是蔬菜、园艺作物和茶叶作物的种植。2001 年，蔬菜、园艺作物的种植面积比例为 10.16%，2009 年增加到 15.44%，2014 年为 19.09%。茶叶作物的种植面积也大幅增加，2001 年种植面积比例仅为 1.29%，2009 年增加到 3.40%，此后茶叶的种植面积更是快速扩大，2014 年扩大为 7.63%。水果、坚果、饮料和香料作物以及中药材作物的种植面积比例同样都呈增加趋势。高效农业作物的种植比例不断扩大，非高效农业作物的种植比例不断减少，与此同时，各类作物的产量与产值仍呈上升趋势，土地产出率不断提高，高效农业的发展使农业生产结构得到明显的优化。

表 3－11　贵州省高效农业与非高效农业作物种植面积比例　单位：%

年份	谷物面积	蔬菜、园艺作物面积	水果、坚果、饮料和香料作物面积	中药材面积	茶园面积
2001	85.16	10.16	2.92	0.47	1.29
2002	84.74	10.75	2.71	0.50	1.30
2003	83.68	11.49	2.86	0.64	1.33
2004	82.67	12.08	3.00	0.82	1.43
2005	81.98	12.62	3.17	0.63	1.59
2006	80.18	13.98	3.37	0.67	1.80
2007	79.03	14.78	3.49	0.69	2.01
2008	78.04	14.92	3.56	0.66	2.81
2009	76.87	15.44	3.63	0.66	3.40

续表

年份	谷物面积	蔬菜、园艺作物面积	水果、坚果、饮料和香料作物面积	中药材面积	茶园面积
2010	75.34	16.06	3.76	0.70	4.14
2011	73.21	16.98	4.05	1.06	4.70
2012	70.25	17.81	4.44	1.72	5.79
2013	67.42	18.33	4.93	2.54	6.77
2014	64.83	19.09	5.42	3.03	7.63

3.4 农地流转、高效农业发展对农民增收效果的评价

农地流转以及高效农业的发展能够影响农民收入，达到增收的效果。高效农业的发展促使农民参与农地流转，转入土地的农户扩大其家庭农业经营，在规模效益下农业生产效率提高，实现增产增收；转出土地的农户劳动力得到解放，更多劳动力投入第二、第三产业中，增加了农民的工资性收入。

以农业生产为主要收入来源的农户家庭，其收入主要由自己家的承包经营地收入和农地流转带来的收入组成，在自己家庭经营承包地收入一定的前提下，就可以计算农地流转对农民收入的影响，以评价农地流转与高效农业发展对农民增收的效果。本章使用关于农户农地流转与农民收入情况的调研数据，构建相关多元线性回归模型，来评价高效农业发展下农地流转对农民增收的效果。其中，一般意义上的多元线性回归模型可表示为：

$$Y = \beta_0 + \sum_{i=1}^{n} \beta_i X_i \varepsilon \tag{3.1}$$

其中，Y 表示因变量；X_i 为自变量，i 为第 i 个变量对农民收入变化的影响（i=1，2，…，n）；β_i 是待估参数；ε 是期望值为 0 且服从正态分布的随机干扰项。

（1）评价模型构建。

根据收入理论，本章在调研的基础上，总结前人的研究成果，结合贵州省影响农民收入的实际因素，并将一些不显著的变量进行了剔除，将影响贵州省农民

收入的因素设定为：受教育年限、家庭实际劳动力人数、外出打工人数、家庭承包地面积及转入/转出地面积。在此计量模型中，本章研究的是土地流转（两个角度，流出农户与流入农户）因素对农民收入的影响问题。

在土地流转中，促进农民收入的因素有很多。其中最主要的两个方面为土地和劳动力。对于劳动力来说会从数量和质量上来衡量，数量上我们一般把家庭实际劳动力人数、外出打工人数等归为此类，质量上一般把受教育年限作为衡量劳动力质量的指标。另外，对于土地方面来说会从转入土地面积、转出土地面积和家庭承包地面积上来衡量，转入土地面积一般是通过转入地后的农业经营收入来衡量的，转出土地面积一般是以转出土地后的租金收入来衡量的。因此，本章在选取变量时，通过对调研数据的把握，选取了以下变量：受教育年限、家庭实际劳动力人数、外出打工人数、家庭承包地面积、流转面积这五个变量。

为本章构建的分析模型。根据影响农民收入的因素分析及贵州省农地流转的具体情况，将土地流转过程中影响农民收入的因素分为：将农户家庭人均收入作为被解释变量，其数量反映了农户家庭人均收入的情况，用 Y 来表示。X_1 表示受教育年限，X_2 表示家庭实际劳动力人数，X_3 表示外出打工人数，X_4 表示家庭承包地面积，X_5 表示流转地面积。本章的数据是贵州省在一定时间段的农户界面数据，时间因素不加以考虑，各个变量的具体界定如表 3－12 所示。

表 3－12　　模型变量情况

变量	转入情况	
	变量名称	变量描述
因变量	农户家庭人均收入（Y）	单位：元
自变量	受教育年限 X_1	单位：年
	家庭实际劳动力人数 X_2	单位：人
	外出打工人数 X_3	单位：人
	家庭承包地面积 X_4	家庭原有土地面积（单位：亩）
	转入/转出地面积 X_5	单位：亩

（2）评价模型数据统计。

本章运用调研所得数据，分别从农地流入与流出两个方面分析对农民收入的影响，以评价农地流转与高效农业发展对贵州省农村居民收入增长的效果。首先，分别对流入和流出情况进行描述性统计，如表 3－13 和表 3－14 所示。

表 3－13 流入情况各变量的描述性统计

	平均值	最大值	最小值	标准差	偏度	峰度	样本量
Y	3240.86	26666	0	3057.44	4.48	29.79	228
X_1	4.91	9	0	2.67	－0.65	－0.27	228
X_2	3.66	7	0	1.40	0.20	－0.72	228
X_3	1.69	6	0	1.37	0.73	0.32	228
X_4	4.58	40	0	4.64	4.62	30.05	228
X_5	1.98	40	0	4.89	4.94	32.32	228

表 3－14 流出情况各变量的描述性统计

	平均值	最大值	最小值	标准差	偏度	峰度	样本量
Y	3240.86	26666	0	3057.44	4.48	29.79	228
X_1	4.91	9	0	2.67	－0.65	－0.27	228
X_2	3.66	7	0	1.40	0.20	－0.72	228
X_3	1.69	6	0	1.37	0.73	0.32	228
X_4	4.58	40	0	4.64	4.62	30.05	228
X_5	1.33	9	0	1.81	1.69	3.51	228

从贵州省农地转入的情况来看，农民人均纯收入水平为 3240.86 元；平均受教育年限为 4.91 年；家庭平均实际劳动力数量为 3.66 人；家庭平均外出打工人数为 1.69 人；平均每个家庭原承包地面积为 4.58 亩；平均转入地面积为 1.98 亩；土地流转方式多为转包的情况，也就是以私下流转的形式较多；签订合同的方式多为口头签订的方式。

从贵州省农地转出的情况来看，平均转出地面积为 1.33 亩；土地流转方式多为转包和出租的形式，也就是以私下流转的形式和与企业签订书面合同的形式较多；农民间私下流转时多为口头合同的形式，与企业发生流转时多为签订书面合同。

（3）农地流出对农民收入的影响分析。

在进行回归前，根据变量将数据进行整理后，运用 SPSS 17.0 软件，对各个变量检验其膨胀因子，相应的共线性统计量如表 3－15 所示。

表 3－15　流入情况各变量方差膨胀因子检验

自变量	共线性统计量	
	容差	VIF
X_1	0.904	1.107
X_2	0.563	1.776
X_3	0.578	1.730
X_4	0.766	1.305
X_5	0.777	1.288

从表 3－15 中可以看出，容差≥0.1 或方差膨胀因子 VIF≤10，则说明这 10 个自变量间不存在共线性情况，可以进行多元回归分析。将表 3－13 中的变量代入式（3.1）中，运用 EViews 7.0 软件，采用 OLS 方法进行回归，得到表 3－16 中的回归结果。

表 3－16　农地转入农户收入水平的影响因素分析 1

序号	变量	回归结果 1
1	X_1	－25.58211 （－0.428126）
2	X_2	－143.0477 （－0.990479）
3	X_3	368.0740*** （－2.538119）
4	X_4	123.8615*** （－3.319248）
5	X_5	379.7332*** （－35.15221）
6	R^2	0.455178
7	D.W	1.681195
8	F	37.09449
9	F 显著性水平	0

注：*** 是在 0.01 水平（双侧）上显著相关，** 是在 0.05 水平（双侧）上显著相关，* 是在 0.1 水平（双侧）上显著相关。括号内的数据为 t 值。

由于本章使用的是截面数据，有可能存在异方差。运用 White 异方差检验，得到的结果表明其存在一定的异方差，因此，需要用最小二乘法进行估算，经过采用加权最小二乘法进行修正（WLS），一般以残差平方的倒数作为权重对多元回归方程进行加权回归，得到回归结果 2，而且这个时候变量 X_1 是不显著的。在此基础上再次运用 White 检验，得到最后的相伴概率通过了异方差检验，说明不存在异方差。最后在此基础上，剔除不显著的变量 X_1，再次进行回归最终得到回归结果 3，结果如表 3－17 所示。

表 3－17　　农地转入农户收入水平的影响因素分析 2

序号	变量	回归结果 2	回归结果 3
1	X_1	－10.73897 （－1.413167）	—
2	X_2	－116.7021*** （－6.996693）	－114.4843*** （－6.878954）
3	X_3	332.5000*** （－16.05259）	319.8286*** （－23.96699）
4	X_4	117.4090*** （－14.19912）	112.9448*** （－14.74746）
5	X_5	367.4187*** （－25.33531）	370.7784*** （－25.85988）
6	R^2	0.963732	0.963406
7	D.W	1.54107	1.537094
8	F	1179.829	1567.724
9	F 显著性水平	0	0

注：*** 是在 0.01 水平（双侧）上显著相关，** 是在 0.05 水平（双侧）上显著相关，* 是在 0.1 水平（双侧）上显著相关。括号内的数据为 t 值。

对回归结果 3 再次进行异方差检验，结果说明不存在异方差。从以上的回归结果可以发现，当置信水平为 0.05 时，自变量的系数通过统计学检验。表 3－17 显示，模型的决定系数为 0.963406，F 值为 1567.724，其显著性概率值小于 0.05，即拒绝总体回归系数均为 0 的原假设，认为最终的回归方程拟合效果较好。总体来说，调整 R^2、D.W 值、F 值以及 F 显著性水平均呈现良好的预期，模型的拟合优度较高；各变量的显著性明显，模型的预测效果比较理想，贵州省流入方样本的回归结果较好。

回归结果显示，在贵州省农地流转过程中，从土地流入的情况来看，外出打工人数、家庭原承包地面积、转入地面积这几个因素分别对农村居民纯收入有正向的影响，另外，家庭实际劳动力人数对农户家庭人均收入具有负向的影响。受教育年限这个变量对农户家庭人均收入影响不显著。

X_2（家庭实际劳动力人数）的回归系数为 -114.4843，T 值为 -6.878954，对应的 P 值都小于 0.05，通过了统计学的检验。但是通过检验可以看出对农民收入呈负向的影响，这可能与预计中的结果不太一样，但是从另一种角度来说实际劳动力人数越多，不一定能创造的收入多，反而人数越多，所花费的也就越多，所以对农民收入呈负向的影响。

X_3（外出打工人数）的回归系数为 319.8286，T 值为 -23.96699，且对应的 P 值都小于 0.05，通过了统计学的检验，并对农民收入呈正向影响。说明外出打工的人数越多，创造的工资性收入就越高。贵州省是一个劳务输出大省，目前贵州省农村青壮年很少有在家乡从事农地经营活动，都倾向于外出打工，他们认为在家靠天吃饭还不如外出靠力气、靠技术挣钱多，因此在家的多为留守儿童和留守老人，家里的开销很大部分是由家里的青壮年外出务工所得。家里外出打工人数越多，农民收入会越高，而且外出打工人数对流入方来说影响大于流出方。这是因为流入方不仅仅有流入土地的农业经营收入，还有外出打工的非农收入。

X_4（家庭承包地面积）的回归系数为 112.9448，T 值为 -14.74746。对应的 P 值小于 0.05，通过了统计学检验。毫无疑问，如果家庭承包地面积越大，那么农业经营的收入也就会越多，农民收入也就会越多。另外，如果家庭承包地面积越大，转入地后与自家承包地相结合进行规模生产的可能性就越大，规模效应的提高会给农户纯收入带来一定的增长。

X_5（转入地面积）在贵州省农地流入情况中的回归系数为 370.7784，该 T 值为 -25.85988，对应的 P 值小于 0.05，通过了统计学的检验，而且对农民收入呈正向影响。显而易见，农民转入土地的大部分原因是为了增加收入，转入土地后一方面通过农业经营来增加收入，另一方面通过土地流转后与自己承包的土地形成规模经营以此来增加收入。

（4）农地流出对农民收入的影响分析。

除了对贵州省农地流转流入情况的分析外，还要对贵州农地流转中农地流出情况进行一定的研究。首先在回归之前，也要对各个变量检验其膨胀因子，相应的共线性统计量如表 3 - 18 所示。

表 3－18 流出情况各变量方差膨胀因子的检验

自变量	共线性统计量	
	容差	VIF
X_1	0.927	1.079
X_2	0.562	1.779
X_3	0.518	1.930
X_4	0.794	1.259
X_5	0.836	1.196

从表 3－18 中可以看出，容差≥0.1 或方差膨胀因子 VIF≤10，则说明这 10 个自变量间不存在共线性情况，可以进行多元回归分析。通过把表 3－14 中的变量代入式（3－1）中，并运用 EViews 7.0 软件对变量 X_1、X_2、X_3、X_4、X_5 进行回归分析，得到结果如表 3－19 所示。

表 3－19 农地流转流出情况回归分析

序号	变量	回归结果 1
1	X_1	88.41248 （－1.234414）
2	X_2	55.66123 （－0.317206）
3	X_3	243.1933 （－1.308106）
4	X_4	271.1142*** （－6.074958）
5	X_5	－320.4419*** （－2.881274）
6	R^2	0.428453
7	D.W	2.030174
8	F	18.802583
9	F 显著性水平	0

注：*** 是在 0.01 水平（双侧）上显著相关，** 是在 0.05 水平（双侧）上显著相关，* 是在 0.1 水平（双侧）上显著相关。括号内的数据为 t 值。

通过以上的分析结果可以看出，当显著性水平为 0.05 时，有多个变量没有通过统计学检验，并且此时存在一定的异方差，因此需要采用加权最小二乘法进行修正（WLS）。一般以残差平方的倒数作为权重对多元回归方程进行加权回归，得到如表 3 - 20 所示的回归结果。这个时候变量 X_2 是不显著的，在此基础上再次运用 White 检验，得到最后的相伴概率通过了异方差检验，说明不存在异方差。最后，剔除不显著的变量 X_2，再次进行回归最终得到回归结果 3。

表 3 - 20　农地转出农户收入水平的影响因素分析

序号	变量	回归结果 2	回归结果 3
1	X_1	88.64287 *** -17.20819	91.29211 *** -19.09043
2	X_2	19.59644 -1.367093	—
3	X_3	238.4449 *** -8.461288	258.5646 *** -10.73809
4	X_4	275.9818 *** -96.31796	277.5944 *** -106.1008
5	X_5	-341.6105 *** (-20.66111)	-351.1078 (-23.35597)
6	R^2	0.963732	0.986335
7	D. W	1.54107	1.739796
8	F	1179.829	4024.058
9	F 显著性水平	0	0

注：*** 是在 0.01 水平（双侧）上显著相关，** 是在 0.05 水平（双侧）上显著相关，* 是在 0.1 水平（双侧）上显著相关。括号内的数据为 t 值。

同样地，对回归结果 3 再次进行异方差检验，结果说明不存在异方差。从以上的回归分析可以发现，当置信水平为 0.05 时，自变量的系数通过统计学检验。表 3 - 20 显示，模型的决定系数为 0.986335，F 值为 4024.058，其显著性概率值小于 0.05，即拒绝总体回归系数均为 0 的原假设，认为最终的回归方程拟合效果较好。总体来说，调整 R^2、D. W 值、F 值以及 F 显著性水平均呈现比较好的预期，模型的拟合优度虽较流入情况的较差，但也是属于良好的结果；各变量的显著性较明显，模型的预测效果比较理想，贵州省流出方样本的回归结果较好。

回归结果显示，在贵州省农地流转过程中，从土地流出方的情况来看，受教育年限、家庭实际劳动力人数、外出打工人数、原承包地面积这几个因素分别对农户家庭人均收入有正向的影响，另外，转出地面积对农户家庭人均收入具有负向的影响。

X_1（受教育年限）的回归系数为91.29211，T值为-19.09043，对于流出农户来说，户主受教育年限对农民收入呈正向关系，这是因为农户受教育年限越长，越会理性地衡量收入的增加途径，就会从一定程度上减少风险，增加收入。

X_3（外出打工人数）的回归系数为258.5646，且对应的P值小于0.05，通过了统计学的检验，并对农民收入呈正向影响。说明外出打工的人数越多，创造的工资性收入就越高。这与流入方的状况是一样的，外出打工人数越多，工资性收入就越高。另外，对于流出方来说，将土地流出后转移的劳动力增长，选择外出打工的人数也增长，农民的收入也就增加了。特别是近几年里，农业领域的收益逐渐下降，越来越多的农民选择外出打工，是因为这时非农业领域的收益会大于农业领域的收益。

X_4（家庭承包地面积）的回归系数为277.5944，且对应的P值小于0.05，通过了统计学检验。同样地，如果家庭承包地面积越大，那么农业经营的收入也就会越多，农民收入也就会越多。如果把农地流转出去，家庭承包地面积越大，那么总的租金也就会越多，农民的收入就会增加。

X_5（转出地面积）的回归系数为-351.1078，T值为-23.35597，且通过了统计学检验。从回归结果可以看出，转出地面积对农民收入呈负向的影响。这是因为流出面积越大，农民的农业收入就会减少，从调研情况来看，一般的土地租金都要小于农民一年的非农收入。因此土地转出面积增大，对农民收入增长也就呈负的影响。

总体来说，高效农业发展以及为实现高效农业发展所进行的土地流转在一定程度上促进了农民收入增长，贵州省土地流转不管是对于转入农户还是转出农户都在一定程度上促进了农民收入的增长。从转入农户来看，转入地面积对农民收入呈正向影响。对于转出农户来说，从对转出农户来有显著影响的变量来看，转出地面积对农民收入呈负向影响。但是转出地面积对农民收入增长的负向影响要小于转入面积对农民收入的正向影响。另外，对于流入方来说，除了转入土地带来的农业经营收入外，外出打工人数的增加显然对农民收入增长起着促进作用。同时，对于流出方来说，通过流出土地转移了劳动力，增加了工资性收入，大大提高了农民的收入水平。

第 4 章　农地流转与贵州山地高效农业发展：基于多主体行为视角的分析

农业规模化、产业化发展是高效农业的基础要求，而农业规模化发展必须通过农地流转实现。农地流转涉及多个主体，如参与流转的农户、介入流转的企业以及干预流转的政府，不同主体的行为对农地流转的效果产生着不同的影响，因而影响了当地高效农业的发展。

4.1　农地流转中农户行为对高效农业发展的影响

农户是农地流转的主体之一，农地流转中农户的行为直接影响着农地流转的规模，而高效农业的发展需要土地规模化为支撑，因此，农户的行为可以影响高效农业的发展。

《经济学百科词典》将农户定义为以婚姻和血缘关系为基础而组成的农村家庭。农户是农村经济活动的行为主体，是广大农村投资、生产与消费等经济活动的微观行为主体，是农业生产中最基本的决策单元。农户行为，则是农户在追求自身利益最大化的目标下，对外界信息的变化做出的一系列综合反应。随着农业现代化的发展，土地流转成为支撑农业规模化的重要方式，也是发展高效农业的重要前提。农户的不同认知与意愿导致其在农地流转中具有不同的行为，从而影响土地流转的规模与程度，影响该区域高效农业的发展。

西方对农户行为的理论研究，主要有三个学派的观点：一是以恰亚诺夫为代表的组织学派，恰亚诺夫通过建立农户行为模型，分析了俄罗斯农民对工作时间与休闲时间的分配行为，认为在农业生产高度自给的社会，农户生产产品的主要目的是满足家庭需求，是追求家庭效用最大化，而不是追求市场利润的最大化；二是以西蒙为代表的有限理性假说，西蒙运用“效用”模式来分析传统农户，认为人在面对外界信息做出各种反应时，理性因素和非理性因素是同时存在而不是无限理性的，也会由于信息的不对称性导致人非理性的决策和行为；三是以经济学家西奥金·舒尔茨为代表的理性小农学派，舒尔茨认为市场竞争机制中的农户，是特定的技术和资源条件下的“资本主义企业”，他们对市场的各种信息反应灵敏，行为完全是理性的，农户的目标是追求自身利润最大化。

4.1.1 农户的流转行为及其影响

农户的流转行为，主要表现为是否参与农地流转。农户是否参与农地流转受到诸多因素的影响，如流转方式、流转价格、政策变化等。在调研中我们发现，面对农地流转与新形式的高效农业发展，农户的流转行为可以归纳为以下几种类型。

第一种，传统保守型。传统型农户面对土地流转与高效农业往往不为所动，他们不进行农地流转，不关心也不接受市场新信息，更倾向于保持原有种养殖规模与结构。这类农户一般年龄较大、文化素质较低、受传统思想影响较深。因此，这类农户随市场的变化不断优化种养殖规模与结构的能力以及抵抗风险的能力都较低。

第二种，从众趋同型。这类农户往往跟随别人的脚步，看到别人进行土地流转，于是自己也进行土地流转；看到别人种植某种产品能够获取经济效益，自己也种植某种产品。这类农户有一定的谨慎选择心理，能够接受市场发生的变化，但这种盲目的从众行为可能会导致其供给的滞后性不能满足随时变化的市场需求。

第三种，等待观望型。这类农户往往是等待观望政府的指导或企业的介入组织，依赖于政府推进农业发展的指挥，想要等待政府或企业组织其进行农地流转，为其投入技术、资金等要素。若政府不投入，这类农户就不进行流转，对政府的依赖心理严重，可能会引发一些政府与农户之间的矛盾。

第四种，探索创新型。具有探索创新精神的农户，大多是当地“能人”，他们流转入其他农户的农地扩大生产规模，对市场与农产品发展具有较强的认知与自我判断，能够抓住发展机遇大胆创新，主动学习运用先进生产技术，并根据市场变化进行生产结构调整。这类农户不仅能自我发展，还能通过自身一定规模的发展带动当地其他农户进行农业生产发展，是各方力量需要重点扶持和培育的对象。

[专栏 4.1]

访谈记录

2016 年 1 月 18 日在遵义市遵义县与农户张某的访谈记录，详情如下。

我：“您家有把土地流转给别人或流转别人的土地吗?”

张某：“有，我家原来山底下的 2.5 亩地，转给村里那个合作社啦。”

我：“当时为什么把土地转出去呢?”

张某：“我家那个地不肥，分散成三块，这边一块，那边一块，平时都不种的。合作社来说要种葡萄，就转啦。”

我：“转出去之后合作社怎么给你们分红呢?”

张某：“转出去就有钱，去帮忙种葡萄也有钱。”

我：“帮忙种葡萄是怎么帮忙呢？需要你们自己买种子吗?”

张某：“种子是合作社的，化肥也是合作社的，我们不用担心这些，我们就是平时去劳作，一天 100 元钱。”

我：“那你觉得土地转给合作社好不好呀?”

张某：“好哇！我那个地原来也种不了，现在拿给合作社，还有收入啊，又不用操心，合作社都帮你搞好啦。”

在农地流转中，农户的流转行为影响高效农业的农业规模化形成，继而影响高效农业的发展。在目前市场化的条件下，我国农业结构面临调整改革，传统农业需要新的发展模式，才能适应农业现代化的要求。在农业规模化、产业化这种高效农业的发展模式下，农业生产要素的集约化至关重要，土地流转是实现农业生产要素集约化的重要方式，而土地流转受到农户行为选择的影响。土地流转促使农业生产要素集约，农业规模得以建立，规模化所产生的经济效益远大于个体农户的经济效益，事实上很多农户也意识到这个问题，但由于受到市场、资金和农户自身等因素的制约，农户在土地流转中做出不同的行为。有的农户愿意流转出土地、缩小自己的种植规模；有的农户愿意流转入土地、扩大自己的种植规模；有的农户则愿意维持现状。这些农户的不同行为选择影响了其区域内土地集约化程度，继而影响农业规模化发展，影响高效农业的发展。

4.1.2 农户的生产行为及其影响

在农地流转中，农户对自己的农业生产活动有直接的决定权，农户的生产行为也会影响高效农业的发展。农户的生产行为主要表现为农户农业经营的生产结构、所采用的生产技术以及农户自身的种养殖方法习惯等。

进行农地流转的农户，直接决定家庭农业经营所种植的农产品品种、种植数量，不同的农户家庭具有不同的农业生产结构。农户所采用的不同的生产技术与生产设备，以及农户自身的生产习惯与生产方式，也决定农业产出率的高低不等。农户间也会相互学习，交流农产品品种，特别是向流转入大量土地的经济效益好的种植“大户”学习技术与经验，改变自己的生产结构，提高生产技术，以促进家庭经营农业的生产效率提高，实现增产增收。

[**专栏 4.2**]

黔西南州山地高效农业助推精准脱贫

黔西南州是滇桂黔石漠化片区的核心，是贵州省扶贫开发的重点和难点地区之一。近年来，黔西南州重点支持发展了肉羊、甘蔗、蔬菜、特种养殖等地方特色优势产业，仅安龙县食用菌产业和普安县长毛兔产业，就投入了4000 多万元。

据不完全统计，目前，安龙县和普安县已有 568 户 2300 多贫困人口通过食用菌和长毛兔产业脱贫致富。“安龙县食用菌产业利用扶贫资金建设食用菌种植大棚，交由村委会管理，产权归村集体所有，贫困户免费使用，公司、合作社、农户共同参与生产经营，按股分红的模式。”杨永英说，通过这种经营模式，有效地破解了贫困户稳定脱贫和壮大村集体经济的难题。

（法治生活报/2016 年/5 月/11 日/第 008 版，记者王都安）

高效农业强调充分利用当地自然资源，发展具有资源优势的特色农产品，推进农业产业结构的调整与升级。生产具有资源比较优势的农产品，严格控制其生产质量，以优质农产品打造当地农业品牌，能够提高农产品市场竞争力，有效推动高效农业发展。农户的生产行为决定了农户所种植的农产品品种，若农户种植能够发挥当地资源优势的农产品，则自然资源得到有效利用，农业生产效率相对提高，高效农业逐渐形成。若农户只种植传统农产品或者是种植与自然资源相违背的劣势农产品，则会保持较低的农业生产效率，阻碍高效农业的发展。在贵州省精准扶贫政策中，为发展山地高效农业帮助农民脱贫致富，由政府提供具有山地高效农业特色的农产品种子给农户，农户再进行种植，继而影响农户的种植选择，为发展当地的高效农业、农民脱贫致富提供强大推动力。

同时，高效农业的发展必须有先进的农业科学技术来支撑，技术进步可以提高农业的经济效益，农业生产技术的高低直接影响农业生产产量。现代农业科学技术的推广，能加快对传统农业的改造，提高农业效率，达到高效农业的效果。先进的生产种养殖技术、生产设备、管理手段，都能提升农民自身的生产素质，促进农业的发展。特别是农地流转下规模化的农业发展，更需要先进的生产技术为支撑，农业规模化之下，土地与劳动力这两大传统农业的主要生产要素得以聚集，但想要农业更高效地发展，必须在此基础上突破束缚，依靠先进的技术、设备以及管理手段，实现高效的农业发展。然而，并不是所有的农户都愿意接受先进的农业技术，农户的选择受到诸多因素的影响。例如，面对新的农业生产技术，一些农户在看到其效果前不愿轻易尝试；一些农户尽管知道先进生产技术的优点，但由于受传统生产方式的影响或自身素质水平的约束，农户不愿进行改变而保持原有的生产技术和产品结构。农户的行为选择直接决定了某种先进技术是否能得到普遍推广，推进或阻碍了高效农业中技术的进步与发展。

此外，高效农业要持续发展，不仅受制于该区域内的自然资源条件、生产技术发展，更受制于农民种养殖习惯与选择。依托于区域内自然资源条件、发展具有资源优势的特色产品，并在农地流转的基础上发展规模化、产业化农业，采用科学先进的生产技术作为支撑，以此提高农业经济效益，才能实现高效农业的可持续发展。然而，农户为了追求其利益最大化，往往会做出与自然资源和环境相违背的行为选择，如为了逃避管理而不进行土地流转，继而在自己的土地上大量使用农药化肥来增产增收，从而造成环境污染、水土流失、土地石漠化等严重阻碍农业可持续发展的状况。

进行农地流转，是发展高效农业的第一步。农户的行为选择，直接影响该区域内农业规模化、产业化的形成，影响该区域内农业生产技术的进步，影响该区域内高效农业的形成和可持续发展。农户需要一定的引导与合作，如企业与政府的组织介入，能更好地推进高效农业发展。

4.2 农地流转中企业行为对高效农业发展的影响

随着农业现代化的建设，农村的农业发展也出现了一些新的因素，如企业资本的注入。与传统的小农发展模式不同，企业进入农业，参与农业的投资、种植及营销的各个方面，形成体系化管理流程，提高了农业的经济效益，推动了农业的高效发展。

4.2.1 企业的流转行为及其影响

随着高效农业的发展，企业成为农地流转中重要的主体之一。企业的流转行为主要表现为参与土地流转与农业生产活动，以及与农地流转中其他主体的资源交换，以实现自身的利益追求。

大部分农业企业是外来的独立经济体，企业参与农业活动，是为了追求利润。传统农业效率较低，不足以吸引企业经营，因此，企业要实现自身利益追求，需要发展经营规模化、产业化的高效农业。为实现农业规模化，企业与农民进行土地流转，通过大量的流转来实现土地资源聚集，并将这些土地集中起来统一规划，运用现代农业技术进行规模化种植，提高农业生产率，并获得利益。

在此过程中，企业需要与农地流转中的政府主体以及农民主体进行资源交换。政府控制着土地、信息等重要资源以及政府的税收与补贴等机制，都影响着企业是否能进入当地市场以及进入后的行为决策。企业与农民主体的资源交换行为，主要是企业须向农民转入农地的经营权，这直接影响着企业规模化的农业生产活动。目前一些地区的企业已经开始采取股份合作的方式转入农民土地，即农民不再单单将土地以定价的方式流传给企业，而是将土地以一定的方式估计后折算入股，农民也成为股东，享有公司分红。企业这些行为都促进了农地流转的有序进行，使其规模化的生产经营活动得以实现。

企业参与农地流转的行为，对高效农业的发展有着积极的促进作用。企业规模化生产是高效农业的基本基础，传统的小农种植不能达到农业规模化的要求，就算是种植大户也很难达到企业的农业种植规模，通过农地流转，企业能够有效聚集土地、劳动力、资金等生产要素的投放，扩大其区域内农业的发展规模，实现农业规模化的高效农业发展。土地是首要的农业生产要素，而我国长期以来的以家庭为单位的土地细碎化经营已不能适应农业现代化的发展要求，农地流转使土地规模化经营得以实现，生产效益得以提高。为了实现农业规模化经营，企业成为农地流转的主体之一，企业所进行的农地流转比农户间的流转规模更大、效率更高，通过土地流转，企业比农户个体更容易实现规模化的农业发展，为高效农业的形成与发展起到强大的推动作用。

4.2.2　企业的生产行为及其影响

作为农业生产活动的经营者，企业的生产行为表现为采用先进的农业技术，开展多种合作方式，生产具有资源优势的农产品。

企业参与到农业生产活动中，成为主要农地流转者，形成农业的规模化、产业化发展。相较于传统农户，企业能够统一规划其规模面积上的农产品种养殖活动，能够根据市场变动及时调整其产品结构，达到提高效益的目的。先进的农业技术是高效农业发展的重要支撑，企业比用户更容易接收和采用先进技术，并自我改善与提高，使生产技术更优化，生产效率更高，有效促进高效农业的发展。

企业进入农业、参与农地流转的行为能够推动高效农业发展，同时，企业的参与也对土地资源有更高的要求。企业的农业经营必须建立在土地规模化的基础上，企业需要与农户进行大量的农地流转，这势必会增加企业的交易成本，影响企业的规划与投入。企业在农地流转中的交易成本，主要包括土地信息收集的费用、土地集中的费用以及签订合同和确保合同执行的费用，其中，土地集中的费用是主要成本。企业要进行土地规模化经营，需要大量流转农户的土地，这需要企业花费大量的时间和精力去与农户洽谈农地流转的方式、价格以及界定双方的权利与义务等，包括后续企业与农户之间出现矛盾的再谈判费用，这些都提高了企业的成本。农地流转的规模、农地的细碎化程度、农民的流转意愿等因素都对企业的交易成本产生影响，流转规模越大，土地细碎化程度越高，农民流转意愿越不强，土地集中的难度就越大，企业需花费的成本就越高。通常，企业流转的农地面积较大、期限较长，为降低交易成本，企业借助中介组织如村集体来收集土地信息、与农户进行洽谈，还会动员一些非正式制度如邻里关系、血缘关系等，来增加流转的成功率。

［专栏 4.3］

贵州省农科院携手企业共同构建山地高效农业发展新模式

今年初，围绕食用菌、薏苡、火龙果三个具有特色的产业，贵州省农科院品资所、果树所、热作所分别与企业合作，完成了新型科技合作企业的组建，并开展了基地建设、产品研发、技术培训等工作。

品资所牵头与安龙县农望种植农民专业合作社合作，成立黔西南州利康农科技发展有限公司，注册资本金 1000 万元，农望合作社占股 51%，品资所技术成果作价入股占股 20%，科技人员自然人股份占 29%。企业围绕安龙县金州出口蔬菜高效农业示范园区主导的食用菌产业，开展姬松茸、双孢蘑菇、竹荪和茶树菇等食用菌生产、加工和销售全产业链的科技支撑服务，提升食用菌产业发展能力和科技创新水平。

热作所牵头与贵州华丰薏仁有限公司合作，成立贵州省华腾农业科技有限责任公司，注册资本金 2000 万元，华丰公司占股 51%，热作所技术成果作价入股占股 28%，科技人员自然人股份占股 21%。企业围绕兴仁县薏仁现代高效农业示范园区，开展种质资源创制、新品种选育、病虫害防控、精简化高产高效栽培、产品研发与加工等环节的科技创新及产业服务，支撑贵州薏苡产业持续健康发展。

果树所牵头与贵州卓豪农业科技有限公司合作，成立贵州贵豪现代农业科技发展有限公司，注册资本金 1000 万元。卓豪公司占股 70%，果树所专利、技术成果占分红股 15%，科技人员自然人股份占 15%。企业以镇宁县北盘江河谷万亩精品水果生态观光示范园区为核心示范区，创新科技支撑产业发展技术服务模式，提升贵州特色精品水果产业发展水平。

（科技日报/2015 年/8 月/19 日/第 004 版）

企业为降低交易成本以及由于目前流转主体的多元化，联合当地农民专业合作与农户共同发展的新模式成为目前企业的一种行为选择。在“企业 + 合作社 + 农户”的模式下，各主体发挥自己的优势，优化农业产业配置，共同促进农业向规模、高效发展。企业提供现代化的企业管理制度，为农业企业管理以及农产品的生产、加工和销售制订一系列的流程，达到优化的效果；农民专业合作社运用现代的农业理念和先进的生产技术经营农业生产活动；农户以折资入股等形式向企业流转土地，并担当生产活动的主要劳动力。在此模式下，各方的交易成本降低，相互协作下还能促进农业规模化、产业化形成，促进农业技术进步与推广、促进农业生产效益提高，达到促进高效农业发展的效果。

同时，企业为农业技术进步创造条件与平台，支撑高效农业发展。农业技术进步依靠农民自己探索带动需要花费较长的时间，由于农民本身较为依赖传统种植模式与技术、不愿轻易改变以及农地产量规模的限制，就算是在农户间发展政府技术部门推广的先进农业技术也需要耗费一定的时间，具有一定的难度。企业参与农地流转，直接进入农产品生产加工到销售的一系列环节，为农业技术的开发和应用创造了条件与平台。企业为提高自己的生产效益，不断投入资金与劳动力，探索学习更为科学的农业生产技术、加工技术，并能将先进技术直接投入农业经济活动中，不再依靠农民之间口口相传，提高了农业生产效率，为高效农业的发展起到支撑的作用。

4.2.3　企业的市场行为及其影响

企业的特质决定了高效农业中的企业市场行为，企业以市场为导向，实现各生产要素的有效聚集，生产销售具有资源优势的农产品，有助于实现高效农业的经济效益与生态效益。

［专栏 4.4］

现代高效农业示范园区带动生态畜牧产业发展

青山环抱，流水淙淙。走进地处织金县桂果镇打麻厂村的贵州牧野农业产业发展有限公司生态种植养殖示范园，犹如来到一个休闲养生的度假胜地。

“现在示范园内主要养殖生态莱芜黑猪，在这样的环境中成长的商品猪，少疾病，无污染，肉质鲜美，市价 80 多元一公斤。”示范园负责人曾国军介绍。

贵州牧野农业产业发展有限公司是织金县 2014 年招商引资引进的一家集农业开发、生态旅游、农产品新品种及新技术引进与推广、农产品加工以及园林绿化等多种业务为一体的综合性企业，园区建设项目总投资 1.6 亿元，占地面积为 3300 亩，目前已完成投资 6500 万余元，带动全县发展生猪养殖 3 万头。

目前，织金县已建立生态畜牧业基地、规模养殖场（养殖小区）共200余个。2014年，全县生态畜牧养殖业实现总产值13.14亿元，同比增长13.98%；肉类总产量达4.9万吨，同比增长12.9%。生态畜牧产业正不断壮大，成为该县经济社会发展的有力支撑。(通讯员　罗胜谟)

（贵州日报/2015年/12月/7日/第004版）

农业企业的生产活动以市场为导向，以利益为目的，生产结构比传统农户更加有效，企业通常能够结合当地自然生态资源规模化生产优势农产品，利用好自然资源的同时尽量保护当地资源，以维持企业的持续发展。作为市场的重要参与者，企业能够实现土地、资金、劳动力的有效聚集。传统农业以小农经济为主，农民的资金有限，不利于发展规模化农业，但企业的参与克服了这一困难，企业通过招商引资，吸引社会资本注入农业中，迅速扩大农业经营规模，提高农业技术设备水平，农业效益显著提高，推动高效农业积极发展。

同时，企业接收市场信息并加以识别判断，及时调整产品结构适应市场的需求，有效提高农业的经济效益。但是，也有一些企业为了追求自身利益，大力开采自然资源，不惜破坏生态环境，这种农业企业的行为对高效农业的发展产生了负面影响，其可获得的经济效益也是短期的、不可持续的，反而阻碍了高效农业的可持续发展。

4.3 农地流转中政府行为对高效农业发展的影响

农地流转中政府的主要行为一是监管行为，二是服务行为，政府行为具有重要的引导作用。政府通过其监管和服务工作来规范、促进农地流转的有效进行，继而实现农业规模化、产业化发展，提高农业生产效益，促进高效农业发展。

4.3.1 政府的监管行为及其影响

在农地流转中，政府的监管行为主要表现为通过农地制度监管农地流转，政府是农地流转制度的制定者，其介入是不可避免的。政府是农地流转相关制度的制定者，其目的在于规范农地流转流程、促进农地流转有序进行，以发展规模化、产业化的高效农业。政府通过出台一系列的法律法规及相关文件，加强对农地流转市场运行的管理和规范，同时对自身过度参与市场运作的行为加以约束，充分发挥市场机制的主导作用，规范土地流转流程有效避免流转纠纷的发生，做好农地流转过程中的引导者和监管者。

相较于工业与服务业，农业本身是弱质产业，投入大、周期长、效益偏低，且传统的小农种植阻碍了农业生产力的提高，这些都需要政府的投入与介入，对农业发展进行宏观指导与投入，加强引导农地流转，促进农业规模化，才能实现农业现代化经营，实现高效农业的发展。与此同时，目前农村土地流转过程中出现的诸多问题，如产权界定不清晰导致的流转纠纷、缺乏中介组织、流转市场不健全等，都阻碍了农地流转的有序进行，阻碍了高效农业的有效发展，这些问题都需要政府通过宏观政策来引导和解决。多年来，我国政府也出台了一系列的政策与文件，规范农地流转，促进农业发展。

[**专栏 4.5**]

特色农业与规模经营

“农业是全面建成小康社会的重要基础，充分发挥贵州省农业发展的比较优势，走产出高效、产品安全、资源节约、环境友好的现代农业发展新路是贵州省农业发展的必经之路。”刘福成说，“十三五”期间，贵州省将制定出台《农产品品牌建设规划》，将在比较优势突出、带动农民增收作用大的产业中挑选重点企业、重点产品，加大著名商标、名牌产品、气候品质认证和有机产品认证等评定和支持力度。对新获得省著名商标、省级驰名商标、省名牌产品的将给予一次性奖励。每年每个产业最少打造 2 个以上知名品牌。这无疑为贵州省农业产业发展营造了良好的政策环境，也为贵州农产品品牌的打造提供了有力支持。

……

2011 年，农业部与贵州省政府签署了《农业部贵州省人民政府共同推进贵州特色农业发展的合作备忘录》，贵州省从实际出发，大力发展以山地经济为特征的现代山地特色高效农业，念好“山字经”、种好“摇钱树”，更加注重生产规模、产品质量和产出效益的统一，更加注重市场开发和品牌建设，发挥优势，扬长避短，同时加快了无公害、绿色、有机农产品大省建设，以农业结构调整带动农民脱贫致富，不断提高农民收入水平。

今年3月15日，在全国“两会”召开期间，贵州省政府与农业部又签署了战略合作协议，共同推进“现代山地特色高效农业试点省”建设，为贵州省全力发展现代山地特色高效农业创造了良好的政策条件。“‘十三五’时期，贵州省将更加重视生态农业品牌的培育和打造，围绕山地特色、资源禀赋和生态环境的有利条件，真正实现绿水青山变成金山银山。”杨兴友说，今年的省委农村工作会议，省委书记陈敏尔、省长孙志刚的重要批示：全省要抓好农业供给侧结构性改革，因地制宜抓好“品种、品质、品牌”建设，大力发展畜牧业、茶叶、精品水果、蔬菜、中药材等特色产业，把“盆景”做成“风景”。因此，召开“生态农业品牌展示推介会”就是贯彻落实省委、省政府领导批示和“省委农村工作会议”的具体体现。通过品牌展示、媒体推介、电商对接等方式，拓宽优质农业品牌销售渠道，加大农业品牌宣传力度，塑造良好的农业品牌形象。

（法制生活报/2016年/4月/6日/第008版，记者　宋辉、孙斌、周泓洁、王都安）

1984年，中央一号文件明确提出，“鼓励土地使用权向种田能手集中，对转出土地使用权的农户给予适当的补偿”。1993年11月，中共中央、国务院发布的11号文件规定，再延长三十年的耕地承包期限，且明确了“承包期内的土地使用权可以在农民自愿基础上的依法、有偿流转”。1995年，国务院批转同意农业部《关于稳定和完善土地承包关系的文件》，文件中界定了土地使用权流转的内涵，“在坚持土地集体所有和不改变土地农业用途的前提下，经发包方同意，允许承包方在承包期内，对承包土地依法转包、转让、互换、入股，其合法权益受法律保护”。中共十五届三中全会重申，土地使用权的合理流转要坚持自愿、有偿的原则，不得以任何理由强制农户转让。2001年，中央发布《关于做好农户承包地使用权流转工作的通知》，该通知进一步强调“农户承包地使用权流转要在长期稳定家庭承包经营制度的前提下进行”和“农户承包地使用权流转必须坚持依法、自愿、有偿的原则”，此外，还更加具体地规定了农民土地使用权流转，如“为稳定农业，稳定农村，不提倡工商企业长时间、大面积租赁和经营农户承包地，农村土地流转应当主要在农户间进行”等。2002年，我国颁布《农村土地承包法》，农村的土地承包期第一次以法律的形式得到明确，该法律还具体规定了参与农地流转的主体、权限和方式等内容。2008年10月，党的十七届三中全会提出，要“稳定和完善农村资本经营制度”，在现有的土地承包关系保持稳定并长久发展的同时，还将赋予农民更加充分的土地承包经营权，为土地流转提供更大的空间。

政府的监管行为，有助于规范农地流转市场，促使农户与农户间、农户与企业间的农地流转有序进行。明确的产权与政策规定能够减少农户与农户、农户与企业间的农地流转纠纷，确保参加流转的农民的利益，减少农民的风险，增强农户与企业的流转意愿，促进农地流转规模增加，实现土地资源的有效聚集。土地规模化是农业规模化、产业化发展的前提，在政府的监管下，农业流转制度不断完善，农地流转规模也不断扩大，加快了农业实现产业化、规模化发展的脚步，有效推动了高效农业的发展。

4.3.2　政府的服务行为及其影响

政府在农地流转中除了监管行为，还有服务行为。政府充当农地流转的服务中介，搭建农户与企业之间的农地流转平台，促进农地流转在农户与企业之间顺利进行。

［专栏 4.6］

政府服务与特色高效农业

3 月 14 日，省政府与农业部在北京签署《共同推进现代山地特色高效农业试点省建设合作协议》。

……

韩长赋说，贵州省委、省政府高度重视“三农”工作，多措并举、强力推进农村改革发展，农业结构调整步伐加快，美丽乡村建设稳步推进，扶贫攻坚创造了贵州路径，现代农业发展成效明显。此次合作协议的签署是部省贯彻落实习近平总书记系列重要讲话精神的重要举措。农业部将按照协议的内容和要求，带着感情、带着责任统筹做好工作，在农业园区建设、农村电商发展、人才交流、农民培训、产业脱贫、品牌宣传等方面给予贵州更多支持，鼓励贵州先行先试、改革创新，共同推进现代山地特色高效农业试点省建设，助推贵州全面建成小康社会。

孙志刚说，贵州特殊的地形地貌决定了必须走现代山地特色高效农业发展新路。我省将大力调整种养结构，不断加强品种品质品牌建设，提高农业附加值，为全国提供更多无公害绿色有机农产品。做强现代立体综合交通网和互联网，发展壮大山地农业和山地旅游业，把游客引进来，把山货卖出去，带动更多农民增收致富。加大农民教育培训力度，培养造就一批新型职业农民和能够闯市场的农民企业家。希望农业部一如既往地帮助支持贵州，在资金、项目、技术、人才、试点试验政策等方面给予更多倾斜。

（贵州日报/2016 年/3 月/15 日/第 001 版，记者　许邵庭）

政府的服务行为，主要包括政策宣传、农户保障支撑及其中介服务等。政府的政策宣传和为农户提供社会保障的服务，有效转变农户的传统土地思想，让农户接收到农业发展的最新动态，也打消了农户害怕失去土地而不愿进行土地流转的后顾之忧，同时，政府作为农户与企业之间的中介组织，为双方的农地流转工作搭桥协调，不仅减少了双方的交易成本，还切实保护了农户的利益。正因如此，农地流转得以顺利进行，企业与农户结为利益同盟，共同分享农业发展带来的利益果实，共同推进农业规模化的快速发展、农业生产效益的有效提高，高效农业得以实现。

第 5 章　农地流转与贵州山地高效农业发展：成功经验调查

5.1　农地流转模式多样化

贵州农地流转工作因地制宜，在根据各地农业发展实际情况的基础上，依靠广大农民和各级地方政府的实践经验，指导各地根据各自的特点灵活安排土地流转的方式。因此，近几年贵州的农地流转首要成功经验就是农地流转模式呈现出多元化的特点。出租、互换、转让、土地股份合作等多种农地流转方式已经在贵州大部分地区出现并陆续推广开来。贵州农村土地的常见流转模式包括代耕、互换、转包、农民 + 农村专业合作组织、农民 + 公司 + 基地、反租倒包等多种方式。

（1）代耕。

代耕是指农民出去务工后委托自己亲戚或者邻居来耕种自己的土地，一般不需要缴纳租金，双方之间的关系一般通过口头协议进行约定。这种代耕的农地流转模式是最早出现的，在外出务工的贵州农村中广泛存在。家位于普定县马官镇下寨坡的李才顺，帮助同村的农民代耕土地已有 3 年，两人之间只有口头协议并无书面合同。他说："村里出去打工的越来越多，一般也很少回来，土地浪费了很可惜，就会让同村的人代为耕种，都是同村的人口头协议就好，也没有发生过纠纷"。

（2）互换。

互换是农民双方相互交换土地。这种方式一般是为了双方便于农地耕种，使土地连成一片形成规模效应。贵州土地由于自身特殊的情况，导致土地细碎化情况较复杂，再加上家庭联产承包制开始时分配土地追求公平，将许多成块土地划分许多小块土地分给不同的农民，导致贵州农民一般最少都拥有 5 ~ 6 块土地，且土地分散距离较远，这就使土地在种植时不但不能形成规模效应，而且还会在不同土地之间花费大量的时间和精力。农民根据自己的土地分布互换土地可以有效提高农民的生产效率，节约农民的时间，让农民尽可能地连片种植，获取规模效益。因此，互换主要发生在同一村或同一寨的农民之间，一般也不需要协议和租金。

（3）转包。

现在贵州农村最广泛存在的农民之间的农地流转模式为转包。转包一般是指将农村土地经营权按照规定的租金，一般用一定量的粮食或者金钱租给其他农户。最典型的为普通农民将分散的土地租给专业种植大户进行比较有效集中的专业型种植。这种流转方式首先可以扩大生产经营规模，对于转入农民可以有效获取规模效益；其次，专业种植大户或者家庭农场可以对当地农民提供一些工作岗位，既有长期聘用的固定员工，也有农忙时间的短工；最后，转包有带动性强等特点，还有助于提高当地农户流转意识。早期的转包模式也与代耕互换一样，并没有正规的书面合同和土地价格，但是随着农地流转在贵州的普遍发展和农村市场经济的发展，现在的转包一般都会签订比较规范的书面合同，包括出租土地面积、期限、租金等。

［**专栏 5.1**］

在金沙县金叶藤家庭农场的调研

时间：2016 年 1 月 14 日

记录人：孟令浩、林梦婷

金叶藤家庭农场位于金沙县板桥村，创办于 2012 年，是一家以葡萄种植为主导、集旅游娱乐为一体的家庭农场，主要有红提等 9 个普通品种，另外还有猕猴桃和火龙果等，种植技术从中国台湾引进。金叶藤家庭农场总共流转土地 210 亩，每亩田地的流转价格为 900 元。在政府的指导帮助下，农场与每家农户都签订了较规范的书面合同，并且每年按时支付田地租金。金叶藤共雇用本村农民 11 人，基本工资在 2000 元以上，另外还有在农忙季节雇用 10～20 个零工，工资为 80 元一天。它除了自己发展以外，还带动了周边其他两个家庭农场、10 多户农民一起发展葡萄种植产业。

金叶藤家庭农场采取的农地流转方式是典型的转包方式。通过流转农民的土地，金叶藤扩大了自己的种植规模，引进了先进技术，使传统农业顺利向高效农业转变。另外，金叶藤还带动了周边农民的就业，通过技术帮扶农民。

（4）农民 + 农村专业合作组织。

农村专业合作组织是某一种的农产品生产者自愿联合的互助性经济组织。这种农地流转方式的最大特点在于，其不仅是农民的土地加入合作社，农民本身也会加入合作社。农民加入农村专业合作组织后，农村专业合作组织会对土地进行规划，根据科学尽可能地建立规模化的农产品生产基地。在后续种植过程中农民会得到一系列的服务，例如，在种植技术上会得到农村专业合作组织的帮助，种子、化肥等以较低价格提供等。最重要的是，它会以事先约定的价格统一收购农产品，然后统一对外销售农产品。这样统一销售比起农民零散销售更能提高农产品的市场竞争力，打造农产品的品牌，争取更多的利润，还可以进一步保障农民的收入。农村专业合作组织最典型的代表为农民专业合作社。

恒丰红心猕猴桃种植农民专业合作社位于织金县上坪寨乡，主要进行猕猴桃种植。几年前，村里的大多数农民还以种植水稻为生，在合作社成立后，流转了500 户农民的土地，转向经济作物猕猴桃种植。首先，合作社对流转土地进行了重新修整和划分，由合作社统一采购种子、化肥，为社员提供猕猴桃种植所需的生产要素；其次，在种植过程中不定期地开展对社员的技术培训和疑难问题的解答；最后，在猕猴桃成熟后，合作社统一收购和销售。合作社对于周围农民的影响不仅在于引进新品种和新技术，更使农民在进行了农地流转后增加了收入。

（5）农民 + 公司 + 基地。

“公司 + 基地 + 农民”模式是以农业公司为龙头，以农村为基地，由农业公司提供技术，指导农民集中发展某一特色的农业产业，生产后由公司统一销售，形成供销一体化。这种模式的特点：一是在于所有的风险均由农业公司来承担，农民在这种模式下除了提供土地和自身的劳动力外不提供其他生产要素；二是流转土地后，易形成大规模的农业经营，提高了农业生产效率，由农业公司负责销售农产品，在农业市场上具有比较大的竞争力；三是农民可以获得固定的农地流转租金，一定程度上保障了农民的收入，另外，农民还可以就近在农业公司工作，比起外出打工更方便照料家人；四是农业公司会向农民提供专业的技术培训，既可提高农民的技能和素质，也激发了农户的积极性。

[专栏5.2]

关于普定县亮峰公司和思源农业生态园的调研

时间：2016年1月14日

记录人：孟令浩、林梦婷

位于贵州普定城关镇青山村的亮峰公司，主要从事白茶产业。亮峰公司按着每亩土地400元一年的价格从本村农民手中流转土地。流转规模从最初1000亩发展到现在流转了3000亩。公司除了在种植规模上扩大外，还在种植技术和农业品牌效应上都取得了很好的成绩。亮峰公司不仅流转了土地，还积极带动了周边村民就业，雇用了上百个附近的农民，每天每人70元，在人力工资上公司就要花费400万元。在雇用劳动力方面，公司坚持优先聘用农地流转的农户，保障他们在农地流转收入外还能有工资性的收入。在与亮峰公司的员工进行交流时，他们表示这种流转方式比以前种植玉米收入要高很多，自己操心少了，愿意一直进行农地流转。

普定思源农业生态园是集农业生产、农产品加工业和旅游观光休闲为一体的新型农业产业形态。思源以700元一亩的价格流转近3000亩土地。已建成灌溉水塘1500立方米、机耕道1300米、标准大棚11000平方米，种植花卉苗木2000亩、苗木20000棵、水果500亩，蔬菜300亩①。思源以每月2500元的工资雇用了200多名农村贫困户，为他们进行技术培训，帮助他们脱贫致富，随着思源的不断建设扩大还会带动更多的农民致富。

亮峰公司和思源的农地流转方式都是“农民+公司+基地”，通过农地流转扩大了公司的规模，并且还雇用农民到企业工作。不但保障了农村土地的高效种植，还解决了农民的再就业问题。与转包方式相比，公司统一销售更具有市场竞争力，有利于打造地方特色农产品，更好地帮助农民脱贫致富。亮峰公司在茶叶农忙季节雇用大量的农村劳动力，保障了农民的收入。思源这种模式不仅继续发展了农业，还同时发展了乡村旅游业，可以惠及周边农民和加快美丽乡村的建设。

（6）反租倒包。

反租倒包可以以政府为代表将农民土地集中流转到农村集体，然后再统一转

① 参见多彩贵州网《探访普定思源农业生态园》，http：//mt.sohu.com/20160525/n451355739.shtml.

包给农业企业或者家庭农场等，在这种情况下农民与村集体签订流转合同，租金也由政府代付。另一种反租倒包是指农民将农地流转给农业企业后，企业将农地进行整改和规划，然后再把土地承包给农民进行种植。在这种情况下，农民和企业会签订两份合同：一份是农地流转合同，包括租金和期限；另一份是农民承包土地的合同，一般企业会规定种植品种、提供种子和技术，收购价格等。

[专栏5.3]

在普定县高效农业园区贵卉农业公司的调研

时间：2016年1月13日

记录人：孟令浩、林梦婷

贵卉农业公司成立于2014年，位于贵州省安顺市普定县，是一家以种植康乃馨为主的花卉种植公司。全公司共有管理层员工4人，固定工人16人。公司年农产品销售额为500万~800万元。公司产品为康乃馨，种植面积为56亩，产量为16万枝/亩。公司经营的土地均为从当地农民手中流转过来的田地，田地在流转前主要种植水稻。目前公司的鲜花主要往浙江、长沙以及贵州各个地区进行销售。公司负责人技术过关，毕业于华南农业大学，曾在云南种植康乃馨，出口日本等地区，由于返乡支持家乡建设才把企业搬回贵州。

从负责人那里了解到，在生产方面，公司平均每亩地的成本为80000元，公司管理人员的年工资基本上保持在30000~40000元的样子，公司得到了政府每亩地3000元的直接补贴。田间道路是由政府帮助修建的。在土地灌溉方面，公司采用水肥滴管的方式进行灌溉。

公司从农户手里以出租的形式流入了56亩田地，租金以每亩800元的价格每年按时付给农民。公司给每一户农户的流转价格一致，并没有根据土地的距离和优劣程度给予不同价格。流转期限为15年。在流转过程中基本上没有纠纷的情况发生，在公司流转土地后，要对田地进行硬化，由于农民对土地的情感，在面对这样的行为时，他们是有一定反对的情绪，但是随着公司效益的增加，反对的声音也越来越少。另外，公司租入土地时是由公司与乡政府进行商量得到的结果。租金方面政府没有补助，土地流转的面积并没有每年增加，是在公司成立前夕大规模流转进去的。

农民除了通过农地流转获得土地租金以外，还可以在贵卉公司打工，获取工资性收入。公司聘请他们为工人，将租过来的田地进行改造，分块承包给农户，提供肥料和育苗，农民提供劳动力，种出来的康乃馨公司给付0.5～1元/支的价格。一株苗可以生长4～5株，每株可以生长两穗花，理论上一株苗可以长12支花，农民每天可以剪3000支，3～4天剪一次。贵卉公司聘请的16名员工均为本地农民，尤其是农地流转给公司的农民。

贵卉农业公司能成功发展至今主要原因在于与农户之间的合作方式十分合理。运用这种反租倒包的方式不仅能让公司顺利进行生产活动，还能带领农户致富。贵卉将农地从农民流转过来后进行了整改和技术改革，再将农地租给农民。农民只负责提供劳动，不承担其他市场风险。这种模式下可以有效激发农民的劳动热情，让农民获得工资性的收入，让农民在农地流转后拥有稳定的工作。

（7）股份合作制农地流转模式。

股份合作制农地流转模式是指专业对农地进行量化，农民通过用农地入股的形式成立股份制公司。这种流转模式基本思路是对农地量化，按着一定标准折换成具体的股份，农民将农地交给公司统一经营，最后按照公司盈利水平进行分红。这种模式在农地承包经营权的基础上，利用入股这一特点引入了农村市场经济，创新了农地流转模式；除了能扩大土地种植规模效应外，它还创新利益分配方式和管理体制，更有利于农民思想意识的改变以及高效农业的发展。

[**专栏5.4**]

在普定县秀水村兴伟公司周边的调研

时间：2016年1月13日

记录人：孟令浩、林梦婷

股份合作制农地流转模式最典型的为贵州普定县的秀水村。兴伟公司全额投资3.77亿元，在秀水村打造融生态农业、观光农业、特色旅游、休闲度假、娱乐服务、餐饮商贸为一体的城郊休闲旅游基地①。秀水村不仅让农

① 宫喜祥，邓刚．“五股”模式让秀水美丽发展．http：//news.163.com/15/1017/07/B6439G0D00014AED.html.

民土地入股，还创新提出了“五股”模式，即“人头股、土地股、效益股、孝亲股、发展股”。其中，人头股是只要属于秀水村的农民每人均有 10% 的股份；土地股是按照农地流转面积来入股，共占 30%；效益股是参与秀水建设，只要有劳动就有股份，共 30%；孝亲股是鼓励大家孝顺长辈，占 5%；发展股是为了让秀水发展得更好，占 25%。通过入股管理，秀水村流转农地 4000 亩，从以前以种植水稻、玉米等传统农作物转向了无公害有机经济作物、花卉、动物养殖等新型农业方式，并且同时打造农业观光旅游。许多原在外务工的农民，在秀水工程开始后陆续返回秀水支持家乡的建设，兴伟公司共雇用 300 名农民，年收入 2 万元左右。通过农地流转，秀水村民人均纯收入从 2014 年的 5448 元提高到 2015 年的 10038 元，同比增长 84%。

兴伟公司通过股份合作制农地流转模式整合了秀水的农业生产要素，利用当地的特色，将秀水和农业观光旅游结合起来，用土地入股，让一部分农民继续从事农业，另一些农民则从事旅游服务业，提高了农民专业化的分工。兴伟还通过效益股、孝亲股、发展股鼓励农民积极劳动，孝顺父母，让农民和秀水一起发展。兴伟的这种股份农地流转模式除了农地流转和发展高效农业外，还使农村转变了发展方式。

（8）招商引资模式。

招商引资模式是指政府通过对高效农业园区的建设以及优惠的农业政策，吸引农业企业入园，流转土地，发展现代化农业生产，并且带动附近农民就业。这种模式的优势在于，根据政府对高效农业园区的统一规划，有利于通过高效园区加快农地流转，尤其是在有农地流转供给的地区，政府通过优惠的农业政策吸引农业龙头企业入驻园区，可以更快带动当地农业发展，帮助农民致富。农业优惠政策包括帮助对农业企业流转土地租金方面的补贴、优惠贷款利息等。

贵州台金农业技术公司位于金沙县城关镇，公司主要经营经济作物种植及科研、农产品加工以及农村生态观光。台金建成并投入使用的温室大棚共计 43202 平方米，其中自动化育苗温室 4 栋 10000 平方米、无土栽培温室 1 栋 9600 平方米、蔬菜大棚 4 栋 9216 平方米、自动播种机室 1 栋 1890 平方米；玻璃智能温室 1 栋 2496 平方米、雾化扦插室 1 栋 2500 平方米、小苗培育室 3 栋 7500 平方米。作为国家 46 个农业科技园之一和全国休闲农业与乡村旅游示范点，台金公司重点以高效率和高效益为出发点，整合农地资源，将农业生产和农村生态融为一体，发展经济、社会、生态高效益的高效农业。通过入驻高效农业园区，台金从政府流转了1700多亩水田，租金为每年每亩250公斤稻谷，合同期限为30年。前五年由政府代付租金，并且政府对基础设施进行了投资。

5.2 政府政策引导农地流转经验

加快农地流转是发展现代农业、促进农业增产、农民增收的有效途径，受到了贵州各级政府部门高度重视。结合高效农业园区的建设，各级政府把农地流转作为重点工作，积极引导农民有效流转农地，通过树立典型和完善农地流转服务，贵州的农地流转工作取得了很大的成效。许多乡镇积极成立应对部门，根据各地不同情况，制定了不同的流转方案；许多农业相关部门对农地流转供需双方主动提供方法，确保流转过程合法有效顺畅，提供各种政策信息；许多村委会积极深入农民，为农民有关农地流转的问题解答疑惑。

（1）强化农地流转的服务。

首先，政府应健全农地流转组织机构。建立健全县、乡土地流转服务中心、村级土地流转服务站“三位一体”服务网络和“村组服务、乡镇交易、县市监管”的土地流转服务体系，为土地流转提供合同签订、合同鉴证、政策咨询、价格指导、纠纷协调等服务，规范流转行为和流转合同①。

其次，政府应积极宣传农地流转和法律权益保护。大力宣传《农村土地承包法》和《农村土地承包经营权流转管理办法》等相关法律法规，使农村土地法律法规深入民心，让农民懂得书面合同的法律效力，学会运用法律保护农地经营承包权的权益，鼓励务工农民流转出土地，农业种植大户流入土地发展规模经营。

最后，政府应加大对农业基础设施的投资力度。贵州省的农业基础一直是薄弱环节，对机耕道、灌溉管网等进行强有力的改造和建设，可使贵州省的农业基础设施发生较明显的改观。

（2）将农地流转与美丽乡村建设有效结合。

在推进农地流转的过程中，贵州省政府因地制宜，除了加强引导农民流转土地外，还将农地流转和农民致富、发展特色农业产业、推进农业现代化发展有效

---

① 安顺市政府办公室．安顺市稳步推进农村土地产权制度改革．http：//www.gzgov.gov.cn/xwzx/201507/t20150709_315060.html.

结合。在引导农民流转农地的同时，帮助转出土地的农民到农业企业工作，培养农民的科学技术素养，帮助农民增收创收，保障农民的基本权益。将农地流转和本地特色农业结合，发展特色农产品产业化，打造农产品品牌。通过农地流转，实现农业规模化经营，提高土地资源利用效率，进一步推进贵州山地高效农业的发展。将农地流转与农村休闲娱乐观光旅游结合起来，通过发展高效农业带动乡村旅游业发展，有效改善农村生态环境，进一步建设美丽乡村。

（3）利用农业优惠政策促进农地流转。

在积极引导农业企业入驻高效农业园区进行农地流转的同时，政府应运用各种优惠政策来吸引企业，如农业企业在流转农地的前几年的租金直接由政府代付，或者在租金方面有各种补贴。这种优惠政策引导方式最能直接打动企业，让它们扩大规模生产。另外，其他优惠政策包括对企业的优惠贷款，金融贷款利息的优惠等都能在一定程度上促进企业积极流转农地，进一步发展高效农业。

5.3　农地流转契约化

契约是双方根据自己的行为而达成相互之间的承诺，即双边协调安排。当农地进行流转时，农户面临着不同的契约选择模式，而不同的契约选择模式会影响农户的选择和行为，从而带来不同的收益。不同的成本收益又影响着农户不同的契约选择。不同的交易费用不仅对农地流转具有影响，对农户的契约选择模式也存在重要的影响。交易费用水平是决定一种契约能否继续进行的主要因素。

贵州的农地流转经过多年的发展，除了传统的农民之间的口头契约外，还有多种契约方式供农民选择，农民更倾向于选择交易费用水平较低的契约形式，履约的形式、违约的风险等都会持续影响农户的选择行为。

在农地流转初期，农地流转多发生于农民之间，并没有规范的书面合同，大多数都是口头契约，这不仅容易引发合同纠纷，也会打击农民农地流转的积极性。而根据流转过程的市场化特点，贵州地方政府和村集体提高土地流转项目的宣传、协调以及合同签订工作的规范化程度，逐步使农地流转合同的签订工作走向规范化。政府引导农民与农业企业签订规范的农地流转合同，规定农地流转面积和期限，根据市场价格合理地确定农地流转价格、流转双方的权利和义务以及争议的协调处理办法等事项，促进了土地流转工作的规范化，从而保障了农民的利益。

（1）口头契约。

口头契约形式主要存在于农民直接的农地流转行为中。这种契约行为花费的成本较少，交易双方一般为同村的农民或者亲戚，相互之间很了解，可以省去信息方面的交易费用。由于都是同村的邻里亲戚，违约的风险也比较小，因此，在农地流转信息不发达时，这种契约形式被大多数农民所采纳。在互换和代耕中，农户可能更多地考虑土地位置条件、耕种是否方便等问题。但是这种契约也存在很大的缺点：首先，口头契约没有书面形式的契约清楚明了，一旦发生违约很难有明确的法律依据；其次，这种契约的农地流转价格一般偏低，对于流出方十分不利。

（2）书面契约形式。

这是一种比较规范的契约形式，农地流转交易双方通过签订书面契约来确定交易关系，契约一般规定农地流转的交易价格、农地用地、双方的权利义务以及违约事项等，主要包括"种植大户（家庭农场）"契约形式、"合作社+农民"契约形式、"企业+农民"契约形式、股份合作社契约形式。

从信息成本来说，如果不通过中介组织，农民自己搜寻农地转入方的信息成本比较大，如果中介组织、土地流转信息平台能够很好地提供相关信息服务，那么就可以节约成本。贵州省为农地流转建立了"三位一体"服务网络，使得农民在契约选择上可以节约信息成本。随着中介组织的不断完善，农户获取农民专业合作组织、企业等主体的信息更加容易，农民也会更愿意选择企业进行交易。谈判成本是农民与农地流转转入户之间就面积、年限、价格等进行谈判的成本。农民与企业等进行谈判时容易处于弱势地位。执行成本主要体现在土地流转合同是否正式规范，签订了正式的农地流转合同更利于交易双方按照合同内容如约执行，降低违约的风险。当需要严格执行法律凭证和程序时，农户更愿意选择与农民专业合作组织、政府和企业等主体进行土地流转。另外，一般流转价格越高，农民越容易交易，一般企业的农地流转价格要高于农户之间的流转价格。

"种植大户（家庭农场）"契约形式与口头契约形式相似，多了书面契约合同，更具有法律保障的作用。"合作社+农民"契约形式除了签订农地流转的合同外，一般还会签订商品契约，即农民生产出的农产品由合作社按一定的价格统一收购代销。这种契约方式的好处在于使得农产品有固定的销路，农民不再花费时间和精力寻找买家。"企业+农民"契约形式主要是农民在流转出农地后再到企业工作，额外获得工资性的收入。这种契约方式不仅给农民提供了农地流转方面的保障，还提供了再就业的保障，让农民有固定性的工资收入。股份合作契约形式能够给农民带来除了农地流转租金外的附加收益，使得农民更愿意选择这种契约形式。

5.4　培养农业规模经营主体

贵州农地流转与高效山地农业发展的另一重要经验就是培养了一批规模化的新型农业经营主体。农村土地经营权的承包方不再仅仅是普通的农民，更多的是农村的种植大户、专业合作社、从事农业生产的龙头企业等。贵州农地流转集中了农村土地，形成了土地规模化经营，发展了农业生产，更重要的是发展了一批能够有效促进贵州高效山地农业发展的经营主体。这些新型的规模化农业经营主体不仅能解决农业劳动力老龄化的问题，整合土地资源，进行特色农业，保证耕地不撂荒和农产品的充分供给，而且这些经营主体具有新型和职业化的特点，还具有较高素质文化、管理才干，随时紧跟市场需求的特点。

（1）种植大户。

贵州是典型的喀斯特地貌，土地资源分散破碎，再加上土地承包权分配时的公平性，造成贵州农民很多拥有几块到几十块不等的零散小面积土地。这些小面积土地不仅无法连成一片，并且距离较远，造成了普通农民在农业种植过程中效率的低下和规模不经济。通过农地流转，政府可以鼓励农民将手中的分散的土地进行互换，将农地集中，引导农民向种植专业大户发展，承包他人的土地，形成规模种植，发展特色化的种植产业。

（2）农村专业合作社。

通过农地流转发展具有示范性的专业合作社，大力发展“专业合作社 + 农户”的产业经营模式，提高农民组织化程度，加快农村农地流转步伐。通过给合作社提供各项的政策帮助，引导农民将土地流转给合作社，让农民与合作社合作生产。

农村专业合作社不仅能在农地流转后带领农民将土地进行规模化的生产，还具备较高的农业科技优势，让农业能更高效地发展。

（3）农业企业。

大力发展农业企业，重点培养农业龙头企业是为了新型农业规模化经营生产的大方向。贵州将分散的土地集中起来统一向农业企业尤其是农业产业龙头企业流转，这样既可使农地流转在流转中实现最大价值，又可使企业与农民成为一体，共同承担风险，享受利益。政府引导农业龙头企业与农民合作，建设规模化农业生产基地。

5.5 农地流转与高效山地农业充分结合

为了发挥规模效益，贵州省政府按照统一规划、合理布局、连片集中、形成规模的指导思想，引导高效农业园区发展品质优良、特色明显、科技含量和附加值高的优势农业产业基地，重视发展以农产品加工业为主的农业企业集群，形成专业化、规模化、产业化程度较高的现代高效特色农业企业。

贵州农地流转不仅仅只考虑农业规模化效益，还兼顾高效山地农业的发展，因地制宜，充分考虑当地农村经济社会发展情况，进一步提高经济、社会、生态高效益，使得农村协调发展，农业可持续发展。根据各自自然资源和比较优势，按照经济规律和市场规律要求，在发展高效特色农业的产业与发展品种上，强调突出自身优势和特点，以此培育特色主导产业和特色产品；农地流转的同时积极促进农村剩余劳动力转移，促进农民增收，进一步完善农村养老医疗等制度，提高社会效益；通过农地流转解决贵州农村土地石漠化、水土流失等问题，提高农业生态环境质量，进一步保护农村土地资源，提高山地高效农业的生态效益。农地流转和高效山地农业以追求生产、生活和生态之间的协调发展为目标，努力提高农业的可持续发展能力。当前，许多地区的农业发展大量使用化肥等化工用品，虽然取得了较好的经济效益，但同时也消耗了大量的不可再生资源，个别地方甚至由此产生了严重的环境污染。面对日益严峻的农业生产状况，在加强农业可持续发展能力建设上，对土壤、水源、大气和生物多样性以及食品安全等方面应提出更为严格的要求。贵州高效农业就是在提高农产品质量的同时，注重生产和环境的协调，争取以较小的资源代价换取较高的产品输出，使农业可以持续发展。

5.6 产权的界定是发展高效农业的基础

产权制度是农地流转和高效农业发展的核心问题，只有农民土地的产权界定清晰，明确产权权责，才能方便与农民顺利流畅地流转土地，才能在流转过程中保护农民的合法权益，才能有利于高效农业的发展。由于国家和集体在土地产权上界定不清晰，以及农民的土地产权不明确，导致了农地流转效率低下，影响了土地资源配置效率，从而制约了传统农业向高效农业发展和农民增收。因此，农地流转和高效农业的发展都要从农村土地产权的界定出发。

［专栏 5.5］

在安顺市平坝县塘约村合作社的调研

时间：2016 年 12 月 26 日

记录人：刘守英、左支书、洪名勇、任常青、部亮亮、王珊

全民所有制合作社建立于 2015 年 8 月，共流转了 400 多亩地（地租金 500 元，坡跟地 300 元），田地 268 亩，共 921 户参与了流转。合作社建立按照 3 大原则：入股自愿，退股自由；办理任何手续便捷高效；实现土地效益最大化。塘约村种植农民专业合作社后在 2016 年 1 月变更为经营土地合作社。合作社和中国台湾公司合作，种植蔬菜和水果，对方提供种子和技术，并约定收购。

采访者：先讲一下刚开始怎么想的？怎么决定要做这个？这多麻烦啊！

左支书：产权制度改革是 2013 年提出来的政策，2014 年 4 月具体出了一个文件，当天晚上看了新闻联播之后，第二天把文件下载下来组织学习，产权制度改革的三个方面明确了三个方向，三权三分离：土地承包权、集体土地所有权、经营权分离开。我们有集体土地与集体建设用地，农户还有农地、宅基地、房产权。我当时有一个想法，中央出台这一政策的一个可能的目的：解决农村撂荒土地有人来做的问题。空心村，很多务工的都走了，房子空下来了，地都荒了。出台这个文件，是为了解决谁来种地的问题。我们在基层可以感觉到如果赋予农民财产权就要涉及人权、房屋所有权、宅基地使用权。实际上真正的财产权还是房屋所有权、宅基地使用权和林地权（自留山种的经济林）。在我们那里一栋房产造价 5 万 ~6 万元，现在普通的也是 30 万元以上，房子在那个地方是实资产，我们村后来合作社搭建了一个平台，如果没有这个平台，农民贷款抵押房子给任何机构部门就是不要的，为什么这么说呢，农民贷款抵押农村的房子，一旦还不了贷款，金融机构拍卖房子是卖不出去的。之所以实现不了，是因为通过司法程序评估出的价格没人要，

在农村，没人敢买，即使有人敢买也不敢去住，谁要谁就是落井下石，农村的风俗习惯就是这样的。本村的不敢要，其他村的也不敢要，要了之后禁止你道路通行、水电等公共物品。还有宅基地，真正的财产就是这三部分（宅基地、房产、林地），土地是深厚的基础，相当于你们当老师搞研究的，这个笔就是你的根基。土地是人们生活的物质上的一个基础。所以真正的要赋予农民的财产权，还是他的宅基地、房产、林地。政府确权，提倡的是放活经营权。我自己对土地产权的理解：是给社会的其他的财产、经济实体，怎样把农村土地拿到手铺平一个道路。要赋予农民的财产权，就是要怎么把房产变现，怎么跟城里一样，城里的房产证拿到手，多少平方米多少钱有明确的规定，那是真正的财产权，如果拆迁了，就有房产证作为保证。土地是公有制土地，是老百姓生活的最基础的东西。万物生长靠太阳，要确权，就要通过政府牵头，后来获得政府的赞同，按七个方面搞试点。搞"七权"当时拟了一个工作步骤（七项）：宣传动员，就要做好两件事即首先要把相关的政策资料收齐，其次根据相关的资料解释我们为什么这么做，好处以及怎么做写成一封信《关于七权统筹致广大村民的一封信》，信上写上名字每家每户发，我们有一个习惯，当有重大决策的时候必须给老百姓一封信。做法是把信给了老百姓之后，召开村民代表大会，要监督村民到底有没有看信。当时信的主要内容有：第一，宣传动员；第二，政策资料收集；第三，人员培训。抽了几队人，除了组委会（年轻人多）之外，还有三队：一是村民小组的村民代表。二是参加土地改革的原来的小队长。三是村民组的党员或在当地有威信的人。第四，要去调查，由这些人员深入各个村民组，调查的目的是确定村民组存在的问题以及存在的问题程度、类别。第五，摸底调查，围绕五个方面：一是这个地方个人占集体的（占公共场所、占道路、占荒坡、占原来的集体耕地的等）；二是占集体公房的就是占了集体资产；三是村民亲人之间互相占的（这个矛盾至今还没有解决）；四是村民已经去世的情况；五是农村土地有交易的，互相调换的（包括本村民组与其他村民组甚至其他村调换的）。第六，开始干，指界。第七，矛盾调处。例如，某户占了集体土地，当时卖给他三分之一，他却占了三分之二；占了集体的当时就没有给钱的或者只给了一小部分没有给完的；村民与村民之间原来界限不清，现在界限清楚了矛盾怎么调处。

采访者：请你把当时摸底的具体数据情况介绍一下？

左支书：这个都有档案的，可以复印一份或者发电子档。工作难度最大的是指界和矛盾调处这两个环节。指界出现的问题，开会的时候提出评好人好事，结果好事不多好人多（界限不知道），第一周没有干成事，然后又开会，做事情的思想态度是关键。要站在公平公正、实事求是的角度，担起责任，把界限指清楚。若不指清楚，就危害集体社会，就相当于犯了罪！村民反映，我们指出界限，如果收不回来，我们不就白做了？支书承诺，只要指出来，一定收回来，如果因为不收造成损失，我一个人承担。因此，解决了指界的问题。

采访者：这个事情搞了多久？

左支书：共八个阶段，一个阶段工作期限是半个月，预计半年把基础数据摸清，八个月完成，但真正干了一年多。房产、宅基地、林地都有界限不清楚的，每一项都有侵占集体的现象。

左支书：现在农民的地变多了，丈量之后翻倍了，以前耕地是1867.5亩，现在是4860亩。

采访者：4860亩都分给农民了吗？

左支书：是的。

采访者：林地的情况呢？

左支书：林地当时是算的图纸，增加了1200多亩。

采访者：宅基地呢？

左支书：宅基地是丈量的，没有具体数据。这还不行，还有很多问题。我们把矛盾调解了，一摸底，矛盾就突出浮在水面了。当时主要矛盾有：一是个人占集体的有些是买的，有些是承包的，买的范围不清，承包的年限不清。比如说，我们队有一块土地，卖给一个姓邓的，当时开小队会的时候说卖十年，后来他说永远卖给了他。

采访者：当时是谁写的，什么时候写的？

左支书：当时是小队的会计写的，一九九几年写的，土地下放之后卖的。还有一个例子，一块集体荒山承包，会上决定承包15年，但没有签合同，他便说是永远承包的；还有占集体的，他现在说原来是分给他的；还有一种矛盾是村民与村民之间的，原来是父辈的，父辈分的土地，有一户长期在外不回来，后来回来之后土地占多了，老人过世了，界限不清，现在把界限指出来之后，产生矛盾。

针对这些矛盾，我们召开了村民代表大会，实行三级调解制度：一级调解在组委会，组委会就是参加土地确权的三队人员：一个是现在的组委会，一个是原来的小队干部，一个是党员，组织调解形成文字资料。如果弄清楚了，就到此为止。如果调节之后还有不服的，就到调解委员会，当时还特意请了司法所等方面的人。如果二级调解还不服的，最终就上升到村民代表大会（针对重大占集体土地的情况）终结，即把案例说出来，赞成是他家的打勾，不赞成的打叉。占村民组的就让村民组成员投票，把当时涉及的人员全部集中来开会，不记名投票。

采访者：有多少是在第一级解决的，有多少是在第二级解决的？

左支书：有80%是在第一级解决的，数据都有。有15%是在调解委员会，5%上升到村民代表大会。

采访者：一共有多少个案例？

左支书：加起来有170多个。矛盾调处了之后，是谁的就归谁所有，在收的阶段，有想打架的、有想闹的。

采访者：收回小组的有多少地，耕地、林地？

左支书：这个数据是要统计的，我们当时是资金量化。我们每个村民组收回土地，进行一周就进行不下去了，吵架、拒绝。然后开会提了几条意见：第一件土地产权制度改革要想成功，先从干部入手，涉及村干部的先弄清楚；第二件涉及党员的先弄清楚；第三步每个村民组现任的村民代表升为小组长。

这三部分人收回来之后，其他老百姓自觉上交了！通过这次改革，每个村民组之前是没有的，现在都有资金了。收的时候有几条规定，第一，在田坝地坝中间的10个平方米以下不收回，超出10个平方米以上必须收回给村民组。开荒的情况10个平方米以下直接送给老百姓。

采访者：大概收了多少？

左支书：数据没有统计，大概是不低于300亩。第二个规定是在河道两旁、公路两旁、公共场所的边缘上，这个地方很重要，即使1平方米也要收回。第三个规定已经被占并且建了建筑物的，建厕所、猪圈等的都要拆掉。但是建了房子的不能拆，100元每平方米，后来商量：是因为没地方住才在那里建房子，他的住房问题便解决了，但是集体用地也不能送给他，折中一下，降到50元每平方米。一是为了化解矛盾；二是确保钱能收回来。

采访者：下次回答可以从一是以土地确权为基础的，二是从分配角度。当时的大集体把原来农民的东西归集体所有，如使用权、收益权。

左支书：释放农地生产力，土地效益最大化。除了这个办法还有什么办法吗？最终讨论结果是没有的。

第九步是公示，然后颁证。公示之前分三步走：第一步，公示之前查缺补漏；第二步，公示一周之内没有异议，农户实行签字；第三步，回头看，颁证之后查找存在的弊端和薄弱环节。

采访者：你觉得产权制度改革这件事的意义在哪？你的初衷是什么？

左支书：农业要素是土地的问题，按照中央赋予农民的财产权，真正的财产权是房产、林权、集体水权等。确权，赋权，易权。

采访者：最后回过头来看，你怎么看？

左支书：企业统筹，真正实现了一个赋予农民的财产权。但是如果只是土地确权，真正意义上没有赋予老百姓农民的财产权。土地抵押能抵押多少钱？所以提出来土地不抵押，我个人认为土地是农民生存的基础，没有这个基础我们的农民就没有生存的空间了。

采访者：你认为土地作为一种财产和宅基地、林权作为一种财产有什么区别？

左支书：林权和房产权是具有创造性的，但是土地是固定的生存要素。比如说水是生存要素，没有钱可以，但没有生存要素是不可以的。农民没有财产可以但没有土地可以生存吗？

采访者：确权到底在整个改革当中起到什么作用，怎么评价这件事？

左支书：第一，土地确权能够给深化农村改革的发展提供基础。面积清楚了，范围清楚了，便于规划。第二，便于抱团发展，为资产价值化提供了资产性的保障；只要不走偏，让村庄美、村民富，就能盘活金融市场。第三，让劳动力活起来，土地集中，土地上用不了那么多人。

采访者：原来也用不了那么多的人啊，原来的地在我手上，然后去贵阳、浙江打工去了。以前去打工不敢把地给出去，所以在家里留个老太太守着地，但现在土地确权了，更安心在贵阳、浙江打工了。

左支书：把人组织起来比以前要好得多，不至于天天考虑一亩三分地。

采访者：有利于把人分出来，那为什么那么多人会分回来？

左支书：我们是以土地为基础来合作，土地能产生一个产业链。以前没有确权的时候，我们房产可以贷款，林地是不可以贷款的，现在可以了。以前我需要20万元实现我的梦想，而我只有5万元，我只有在外面慢慢地积累，但现在我可以抵押贷款。一个地的发展要么需要村民自己有钱，要么去贷款。

采访者：现在抵押看到的一个情况是，农民并没有在农业上增加投资，而是搞运输，买汽车了。这是非常大的一件事，乡村价值的提升，资产价值提升，农民也变化了。这也给了我们一个很大的启示，农村的资产盘活，不是在承包地那件事上，劳民伤财，农民真正关心的东西是可以变成资产的东西。你再讲一下水利还有确权吗？

左支书：分为饮水和灌溉的，由水务部门给我们颁证，沟渠、水库这些确权给村集体了，按投资减去折旧，在管理当中还要增加一个运营管理。

采访者：相当于村集体多了一块资产。

左支书：壮大集体经济，产权不清的明晰化，显化集体经济的价值。土地活起来了，实现了效益最大化。

塘约村合作社建立的第一步就是明确产权，通过土地承包权、集体土地所有权、经营权分离开切实保护了农民的权利。村政府花费了大量时间重新丈量土地，给农民办理证书。明确产权对于农地流转的意义重大，让农民更明确地掌握了对土地的权利，在后续的农地流转中能无后顾之忧地流转。在明确产权后，易权变得更容易，激发了农民流转农地的积极性，也减少了农地流转中的纷争。

第 6 章　农地流转与贵州山地高效农业发展：四大问题

党的十七届三中全会通过的《中共中央关于推进农村改革发展若干重大问题的决定》指出："加强土地承包经营权流转管理和服务，建立健全土地承包经营权流转市场，按照依法自愿有偿原则，允许农民以转包、出租、互换、转让、股份合作等形式流转土地承包经营权，发展多种形式的适度规模经营[①]。"农地市场流转是规范农村土地流转行为，维护农民土地合法权益的有效措施，是发展高效山地农业的基本保障[②]。首先需要坚持和稳定农村土地承包关系，对农地经营权流转进行规范，是实现农业现代化的客观需要。目前，虽然通过农地经营权流转取得了一定的经济效益，也积累了相关的经营方面的经验，但是由于各种制度、监管不完善，在推动经营权流转的过程中发生了一些农地流转纠纷及农地流转矛盾[③]，不仅损害了农民的利益，也破坏了农地流转市场的秩序，不利于山地农业的发展[④]。完善的土地供应市场、科学合理的土地流转机制是发展高效山地农业的基础。但是，由于农村土地流转市场尚不完善，各级政府也没有统一的、可以推广的成功管理经验，因此农村土地制度也在不断地改革和完善，在社会经济利益的诱导下，容易产生农地流转纠纷和矛盾，不利于发展高效山地农业，目前，农村土地流转在发展高效山地农业方面的问题主要表现在以下几个方面。

---

① 高宏伟，靳共元．农村土地使用制度：现状、问题与方向．河北经贸大学学报，2013（5）．

② 聂建亮，钟涨宝．保障功能替代与农民对农地转出的响应．中国人口·资源与环境，2015（1）．

③ 金丽馥．健全农地流转机制　推进现代农业发展——以江苏省江都市农村土地流转经营情况为例．理论导刊，2009（1）．

④ 冯小．新型农业经营主体培育与农业治理转型——基于皖南平镇农业经营制度变迁的分析．中国农村观察，2015（2）．

6.1 问题一：农地产权制度缺陷制约农地流转

"集体所有、家庭经营"的农村土地制度已经运行了40年，党中央在十五届三中全会上指出，要坚定不移地贯彻土地承包再延长30年的政策，同时也确保农村土地承包关系长期不变①。2014年12月，新一轮农村土地制度改革试点被广泛关注，中央全面深化改革领导小组第七次会议再一次明确了农村土地的改革方向，标志着农村土地改革再一次拉开了序幕。党的十八届三中全会为我国农村改革再出发定了调，农村土地继续坚持集体所有，农民可以依法长期承包土地，并且需要进一步稳定承包权、放活经营权，并且赋予农民对自己所承包土地的抵押、担保等权利②，并在此基础上强化农户土地的承包权以及与之相应的收益权，放开流转权，盘活经营权，进一步形成所有权、承包权、经营权三权分置、经营权流转的格局。

6.1.1 农村土地产权的主体缺位影响了高效山地农业的发展

集体土地所有权是《宪法》和《物权法》规定的公民财产权利。《宪法》规定："城市的土地属于国家所有。农村和城市郊区土地除由法律规定属于国家所有以外，属于集体所有，宅基地和自留地、自留山也属于集体所有。"可见，《宪法》所规定的集体土地所有权主体为"集体"，《物权法》对"集体"进行了说明，农民集体是指土地所有权的主体，农民集体指：村民小组农民集体、村农民集体、乡（镇）农民集体，但具体是哪一个集体，至今尚未见相关法律并做出明确的规定，导致三类"农民集体"并存，但是也没有相关法律解释和说明"农民集体"之间的土地产权关系，这样就弱化了建立在行政隶属关系上的土地产权关系而导致产权侵蚀。在现实生活中，"村民集体""村民小组"或者"乡镇农民"都是一个比较抽象的群体，看不见、摸不着，也没有严格的法律意

① 鲍海君，吴次芳．论失地农民社会保障体系建设．管理世界，2002（10）：37－42.

② 郭明瑞．土地承包经营权流转的根据、障碍与对策．山东大学学报（哲学社会科学版），2014（4）.

义的一个群体[①]。真正的农村集体经济组织是不存在的。因而，农村的集体土地是没有“主人”的。在推行家庭联产承包责任制之后，在法律上土地归集体所有，实际上却在农民的手中，被农民占有和使用，但是由于农民手中的土地产权并不完整，没有法律的支持农民就不能自由地按照自己的意愿进行经营权的流转，因为农民用于土地的产权会受到村集体和国家政府的限制和干预。在农村土地集体所有制度的基础上，村集体、乡（镇）集体就会以“上级”的名义争夺土地收益，从而引发不少土地流转纠纷：一是村民小组就土地产权与村委会之间的纠纷；二是村委会就土地产权与乡（镇）政府之间的纠纷；三是村民对村委会、乡（镇）政府等利用产权归属不明以行政手段干扰土地流转。这样农民对所拥有的土地就没有完整的使用权、收益权和处置权，农民的权益就受到侵害，从而引发各种矛盾，影响土地的流转，影响土地的规模化，阻碍高效山地农业的进一步发展。

6.1.2　农村土地产权的缺位影响了高效山地农业的发展

根据科斯定理，形成自由交换的产权交易是个体发挥比较优势、资源财富发挥最大化价值的充分条件。但由于农村土地产权的缺位是农村土地的产权并不完整，有关法律法规规定农村集体拥有农地的所有权，可见，集体应当可以行使占有、使用、收益和处置权。但是客观上，农民集体不能充分行使土地权利，因为又有相关法律规定对农民集体的所有权做了十分严格甚至苛刻的限制。从现实情况我们不难发现，尽管农村土地属于“农民集体”所有，但是，这种所有权依然不完整，如不能自由地买卖、转让和抵押等。

第一，土地所有权缺位。根据我国现有的法律规定，城市土地归国家所有，农村土地归农村集体所有，这样就出现了城乡分置的局面。而且在进行农地流转过程中，农村土地流转颇受约束，首先，表现在不能改变农地用途的限制上；其次，表现在农地入市的复杂程序上。农村集体的土地只能通过国家的征收转为国有土地，这样才能把原本只能用于农业用途的土地合法地转入非农业用地市场。农民自身素质及社会地位是农民弱势的现实依据，按照规定，农民是集体的成员，有一定的知情权、表决权和收益权[②]。但是，基层政府在执行政策的过程

① 李国娟，沈晓梅．国家永佃制：我国农村土地产权制度改革的方向．燕山大学学报（哲学社会科学版），2011（2）．

② 童列春．论中国农民成员权．浙江大学学报（人文社会科学版），2015（2）．

中，不遵守规定，不尊重农民意愿，强制流转土地的现象不断发生，这是集体所有权虚化的重要表现，严重侵害了农民的权益。

第二，土地经营权缺位。改革开放后，在农业经营效益较低的现实基础上，农民进城务工使农村大量的农地闲置，由于农业现代化建设的需要，对农地有着大量的需求，出现这样鲜明对比的原因有一定的现实原因：一方面是源于农民对土地的特殊情感，流转的意愿不高，不愿意参与农地流转；另一方面这部分农民可能在务工之余回家种地或是交给家里的老人、妇女看管，种地并不是为了经济的来源，而是对土地情怀的释放。有部分农民是担心土地流转出去后土地遭到破坏，自身利益遭到侵害，甚至出现无法反耕的恶劣情形，他们就会失去土地对自己的生活保障功能。在不少农民眼里，土地就是自己的根，没有土地就感觉像无根的浮萍一般。

第三，土地承包权局限性。从物权角度来看，农村土地承包权是物权的表现形式[①]。虽然农地承包权得到了肯定，但是在实际过程中，农村土地承包者依然不能自由地行使农地承包权，在农地流转中受到严格的限制。巴泽尔认为，产权是由消费这些资产、从这些资产中取得收入和让渡这些资产的权利或权力构成。资产可以分割，农地土地也实行“三权分置”，农民依法享有承包权、经营权，所以农民也应该享有这些权利所带来的经济效益。中国是一个农业大国，当前农村的经济状况、经济形势和农民权益的具体情况表明了农村土地的承包权具有一定的局限性。那么，在“三权分置”出台之前签订的土地承包合同是否应该受到约束？农村集体土地大多都是实行“增人不增地，减人不减地”的原则，十几年来，农村的人口数量发生了极大变化，承包户之间拥有土地的差异越来越明显，30 年承包期至少是两代人的时间跨度，固守“增人不增地，减人不减地”原则将造成集体内部土地占有差距越拉越大，由于土地征收级差地租的产生也造就了很多农民之间的不平等，土地集体所有，被征收的收益归土地承包方所有，这与巴泽尔的产权理论原理不符。

6.2 问题二：农户认知差异，农地流转难统一

近年来，在党中央和政府的引导下，农村经济快速发展，原有以个体家庭为

---

① 朱继胜．论“三权分置”下的土地承包权．河北法学，2016（3）．

主要经营的方式，具有规模小、分散化的特点，难以适应高效山地农业的发展及农业现代化建设的要求，农地流转需要遵从农民的意愿，只有这样才能进行有序流转，建立健康的农地流转市场。在家庭联产承包责任制的基础上，创新农地流转模式进一步推进农地流转是整合农业生产要素的重要途径，农村土地规模经营也是增加农民收入的重要途径。但是，农民是土地流转的主要参与者，是土地流转市场的利益主体。农村土地流转市场不仅仅需要政府的鼓励与推动，也需要农民积极参与和支持。农民对土地流动的意愿和态度取决于对土地流转的认知，土地流转决策是农民综合衡量了土地流转带来经济利益、社会效益等后做出理性选择的结果，因此，农民的心理认知情况对农村土地流转的发展有着重要的影响。

6.2.1 对土地产权的认知影响土地流转

中国农村土地制度的改革对农民认知产权带来了深远的影响。在家庭承包责任制的基础上进行了革命性的创新，形成“三权分置”、农地经营权流转格局，但是农民对产权的认知依然滞后，创新的制度已经形成而落后的产权的认知心态却深深地影响着农民的意识形态，给土地流转带来了不利因素。

根据现行法规，农村和城郊的土地属于农民集体所有，农民个体享有对农地的家庭承包经营权。从农户家庭个体层面上看，农户对土地所有权的认识与国家规定是不一样的，一些农民认为农地属集体所有，一些农户认为农地属国家所有，还有一些农户认为土地属自己所有。集体所有权的模糊导致农民对土地产权认知迷糊不清，导致了相当多的问题与纠纷，农民对土地的流转持保守谨慎态度，甚至排斥、拒绝流转，对农村土地流转市场带来不良的影响。

农村土地产权的归属关系到农民对土地所有权的理解以及对土地的支配，但是，从目前来看，农民对土地产权的归属认知不清，与国家的法律法规有一定认知偏差，加上在实践中不断发生的农地流转纠纷和矛盾，农民对农地流转有一定的抵触情绪。这样的认知偏差会影响农民的决策，不利于农村土地流转工作的开展。

6.2.2 对土地功能认知影响土地流转

农村土地的功能是农民对所承包土地带来的效益的最直观认识，农村土地对中国农民而言，具有三项最基本的功能：社会保障功能、经济效益功能和就业保障功能。鉴于不同农民具有不同的资源禀赋的特点，其对土地功能的认知也就有着较大的区别，农地流转意愿也有着较大的出入。

（1）农地社会保障功能影响土地流转。土地是中国农民赖以生存的根本，在长期的城乡土地二元制度的背景下，农村社会保障制度欠缺，大部分农民家庭的社会保障水平较低，农民对所承包的土地的依赖性极强，对土地的社会保障功能极为重视，土地是家庭经济来源保障的基础，是农民生活最基础的、最可靠的保障。农民之所以对土地的社会保障功能如此敏感是源于农民所拥有的社会保障都是以农村土地为中心的非正规保障的前提下，不能享受到与城市居民同等的社会保障制度安排下的一个自我保护的理性行为。农民在考虑到自己不能外出务工时还能依靠自己所承包的土地进行经济作物的种植，获得经济上的收入，给自己养老。因此农地一直以来都是作为一种养老保障的手段存在，在养老保障不完善的情况下，农民对土地的养老保障功能十分依赖，这就会降低农民对农地的流转意愿。

（2）农地经济效益功能影响农地流转。在当前的经济发展条件下，农民的兼业化现象十分严重，这已经是一种非常普遍的现象，影响农民土地流转意愿的另一大因素就是农地所带来的经济效益这一因素。农地流转一是为了实现农业现代化和规模化；二是为了增加农民的收入，提高农地的经济效益。农地流转市场不发达、农地流转制度不完善都给农地流转带来了阻碍，从之前已经有了土地流转行为的农民经济收益来看，流转出去的土地中获得较好的经济收益的农户比较少，主要是存在以下问题：土地流转租金不能及时发放，土地流入方不能保证农户的最低土地经济效益，存在跑路、拖欠租金，土地流转合同中存在明显不利于农户的条款等问题。这些问题的存在都给土地流转带来了不良的影响，农户土地流转的积极性受到打击。

（3）农地就业保障功能影响农地流转。在经济形势发展比较好时，农民外出务工，所承包土地流转的意愿就会比较强；当经济形势发展不好、农民外出务工的机会相对较小时，农民便会回家务农以维持生计。根据很多农户的就业偏好，在农村有“宜工则工，宜农则农”的趋势，在进行土地流转时，更多的农户愿意把土地流转给亲朋好友，这样做看似流转实则为了方便收回流转出去的土地。农地的就业保障在农村社会保障中具有重要的作用，尤其是对于那些将农业收入作为主要收入的人来说，农地的就业保障功能对他们的生活有着非常重要的保障，因此，这部分人对土地的流转态度较为消极，给土地流转工作带来了很大的困难。

综上所述，土地的保障功能在很大程度上影响到农户对土地流转的积极性，在农户的社会保障功能不是很完善时，农户对土地流转的态度消极，不利于农村土地流转市场的建立，农业现代化进程受阻，山地高效农业发展也会遇到很大的障碍。

6.2.3　对土地政策的认知影响土地流转

土地政策是农村土地流转的基础，制订和完善土地政策不仅是保护农民权益的重要举措，更是促进农村土地流转市场形成的重要保障。土地的政策往往与农民的利益息息相关，农村土地政策落实的效果与农民对土地政策的认知有着密不可分的联系。

对《农村土地承包法》的认知影响土地流转。我国农地进行第一轮土地承包的承包期限是 15 年，之后农地承包期限延长至 30 年。十七届二中全会召开后，开始了新一轮的农村土地改革，提出了要稳定现有土地承包关系“长久不变”，而且要赋予农民更加充分而有保障的土地经营权[①]。在《农村土地承包法》正式实施以前，政策的重点一般都在土地承包经营权上，赋予农民土地承包经营权是工作的重点。如今，在农村土地集体所有制的前提下，规范农地承包权、促进经营权流转是当前的重点。农民所拥有的权利主要是土地的经营权，但是这种权利得不到很好的保护，《农村土地承包法》正式实施以后，家庭承包经营权就有了很好的保护，并且能够自行支配经营权，但是《农村土地承包法》也加强了对农村集体土地的规范，农民承包土地期限临近，尽管多地都在调整土地承包时间，但是依然发生很多损害农民权益的事件，影响农民土地流转的积极性。

第一，存在强制流转现象。部分村干部以土地属于村集体为名义，放大手中的权力，无视村民的权益，强制流转村民土地，引发村民不满。很多村民对土地权益的保护意识不强，也任由村干部做主，当失去土地之时，引发一些维权事件，给农村土地流转市场带来不良影响，村民的维权意识逐渐增强，土地流转工作难以开展。

第二，土地流转后权益得不到保障。在《农村土地承包法》正式实施以后，农民只能依法行使手中的承包权和经营权，部分企业在流转土地之后，部分土地遭到严重的破坏，不能及时修复，给农民带来很大的负面影响，同时还存在着签订流转合同之后很多企业不能及时发放土地租金，或是在企业经营不善时跑路等情形，这些情形都严重地损害了农民的利益，农民在利益受损后又没有得到相关

---

① 方志权，顾海英，张晨等. 农村土地承包关系“长久不变”的调查与思考——以上海市郊区为例. 中国农村经济，2015 (10).

单位的补偿，只能紧握手中所承包的土地，拒绝流转。

6.2.4 对交易费用的认知影响土地流转

在现代经济学理论中，在一个完全竞争的市场里，农民的行为也是理性的，农民也是一个“经济人”，他们也会在一定经济环境的约束下追求利益的最大化。在土地流转市场，不管是流出方还是流入方，做出流转土地的行为目的就是利益的最大化。在土地流转这个交易的行为中，存在着交易成本，从农民的角度来看，农民的决策依赖于对交易成本的认知能力。土地成功的流转会经历三个阶段，也就有了相应的交易成本产生：如交易之前的信息收集成本、交易过程中的谈判成本、交易之后的执行成本。

交易费用的存在对农民的认知有着深远的影响，在农村土地流转市场中，由于信息不对称、议价能力较低等原因，大部分农户都处于较为弱势的地位，这也是导致很多损害农民利益的事件不断发生的主要原因。农民愿意把土地流转给熟悉的亲人、邻居等也是出于交易成本的考虑，因为流转给这部分群体的交易费用相对来说会低很多。另外，很多农村目前还缺乏统一的农村土地流转平台这样的流转中介组织，流转中介组织可以在很大程度上降低流转市场上的信息搜集成本、谈判成本，从而最大限度地减少土地流转过程中的交易费用。

土地流转市场的不断完善、各种维权事件的发生，使更多的农民认知到土地流转过程中交易费用的存在，农户对外部交易环节产生的交易费用的认知水平越高，预期收益的约束就越大，对土地转出的意愿就越小，土地流转也就越来越困难。农民是土地流转的主体，特别是农民流出的土地，对实现农业现代化、发展山地高效农业都是一件极其有利的事情，但是，目前的情形却是土地的流转效率极低，交易费用是其中一个重要的因素，那么这就需要第三方中介组织存在，以降低土地流转的交易费用，逐步使农民对土地流转的预期收益趋于合理化。

[专栏6.1]

在遵义县枫香蔬菜现代高效农业园区周边的调研

时间：2016 年 1 月 14 日

记录人：孟令浩、林梦婷

枫香蔬菜现代高效农业园区是苟坝红色文化旅游产业创新区的一颗明珠，

是蔬菜基地的“心脏”、农民增收的保障、风险防范的“屏障”、城市餐桌的“依仗”。通过农业旅游文化融合、三次产业融合、产业与生态融合、人与自然融合，努力把农业园区建成农旅文一体化示范、现代山地高效农业示范、农业产业化示范、生态农业公园示范，把当地农民变成新型农民、产业工人、园区主人，助推花茂村精准脱贫与率先小康齐步走。

遵义县在2014年8月引进山东省寿光市九丰集团公司，投资2.6亿元建设集研发、繁育、种植、经营、配送、加工为一体的现代高效农业园区。实行定任务、定人员、定责任、定时限、定效果的“五定”策略，实现当月考察洽谈、当月签订协议、当月动工建设、当年建成试产。目前已完成投资11000万元，建成智能观光棚13000平方米、育苗大棚6000平方米、生产大棚150000平方米、生态餐厅3100平方米，还将规划建设30000平方米的深加工车间，2015年实现产值1300万元。带动周边乡村旅游产业发展，依托“苟坝会议”红色旅游资源和花茂陶瓷文化等的开发，吸引更多的人员到园区参观考察，为当地农家乐和乡村旅馆吸引了丰富的客源。截至目前，土坝—花茂—苟坝田园型示范区共有农家乐18家、乡村旅馆57家，带动群众增收2.9亿元，人均增收1600元以上；吸引2420名外出务工人员返乡创业，带动就近就业5738人。

在附近一家姓李的农户家里了解到，他64岁，老伴60岁，家里有2个儿子都已经结婚，目前都在外打工，家里有4亩田、5亩地，目前已经流转到九丰集团公司或是被征收。在流转到公司之前，他家也有把土地流转到其他农户的行为；在流转土地的过程中，也遇到了一些矛盾。在2012年把土地流转给通村一姓张的大户时，打算把土地直接“出售”出去，显然，这不符合政策法规，这样的土地流转行为是不受法律保护的，但是由于村民当时对土地的所有权认知不清导致村民以为土地就是自己的私有财产。后来在征地时发生了利益纠纷，引起了当地政府的注意，在当地政府不断的协调、双方协商一致后才解决了矛盾：土地“买卖”合同无效，买地的钱全部返回给张老汉，土地还是李老汉家的。尽管周边农户都知道这件事情的经过，但是，在谈及土地所有权等，村民们的回答却有很大的区别，他们对土地产权的认知、土地政策的认知都有着较大的差异。

下面是调研时的访谈记录中典型的问答摘录：

Q：你认为土地是属于谁的呢，是属于国家还是集体还是属于自己的？

A：（李某，男，63 岁）土地肯定是国家的嘛，集体不也是国家的嘛，我们都是国家的，土地肯定是国家的。

Q：在进行土地流转时有没有遇到一些困难或是纠纷，如强制流转？

A：（王某，男，57 岁）困难肯定有啊，前几年流转给一家企业，最后拖欠租金不说，企业倒闭了连人都找不到。（赵某，男，60 岁）在流转土地时多少是有些不愿意的，再过几年不能出来干活时，都不知道做点什么了，流转出去也不知道什么时候能收回来，不能收回来，土地还能说是我的吗？

Q：你觉得现在的土地政策怎么样？

A：（钱某，男，59 岁）我都不怎么关注有什么土地政策，就知道有那个农业补贴。

Q：现在经济条件比以前好了很多，土地对你来说，还有哪些作用呢，你有土地产权吗？

A：（钱某，男，59 岁）作用大着了，以后儿子、孙子可以拿来盖房子啊，种点菜啊，老了的时候可以下地里干活，既能锻炼下身体还能收获点粮食、蔬菜。（孔某，男，48 岁）土地又不是我的，对土地产权不是很了解，但我知道土地不是我的，国家要收回去的时候还是说收回去就收回去了，现在土地大部分都流转出去了，租金太低，以后养老怎么办？现在外出打工也不好找工作了，想回家务农，回来也收不回流转出去的土地，你说我们该怎么办？

Q：你刚说想收回土地，那为什么说收不回来呢？

A：（孔某，男，48 岁）之前在外面打工，觉得土地没有人种，流转出去也是一件好事，看到大家都在流转，我也就流转了，但是，现在想收回来的时候，发现，合同签了 15 年，违约吧，违约成本又高，打官司吧，既花时间又费钱还不一定能赢，想去租地自己种却不知道哪里有地可以租，自己租也怕租金高不说也害怕租不了多久，不像这些园区企业有政府保护着。

由此可见，农民对土地流转的抱怨很重，而且对土地的产权认知欠缺。一是表现在对强制流转的抱怨，二是表现在维权之难的抱怨，其根源在于对土地流转的认知以及对土地流转工作的认知不足或有较大偏差。

6.3　问题三：农业补贴政策不完善，农地流转困难

自 2004 年以来，国家出台了一系列扶农、惠农、强农政策，这些政策的实施对提高粮食产量以及土地的综合生产能力发挥了积极的作用。从宏观层面看，对增加农民收入和增加粮食产量的目标导向十分明显，对提高农民的种粮积极性起到了明显的激励作用。从微观层面看，农业补贴正常增加了农民对土地收益的预期，也在某种程度上改变了农户对土地的经营方式和经营策略，进一步对土地的流转带来了一定的影响。

6.3.1　农业补贴政策影响土地租金

农业补贴具有收入效应和替代效应，这两种效应会影响到各种要素的价格及收益，影响的程度和补贴的多少有着密切的关系①。当农业补贴较低时，不能很好地区分农业生产和非农业生产的收益，这个时候农业补贴主要以收入效应表现出来，产出效应和替代效应的表现则不是很明显。由于农户认知水平的差异、家庭环境的差异等原因导致农户之间资源禀赋存在一定的差距，同样的农业补贴政策对不同的农户也会带来不同的效应。

农业税的减免以及粮食补贴政策等效应之一是提高了地租：农业税的减免间接地拉高土地流转的租金，粮食补贴也在某种程度上提高了土地租金。受这些政策的影响，很多农民提高了对土地的预期收益不利于农村土地流转市场的形成。同时，由于土地流入方在协商土地租金时，会把粮食补贴间接地纳入租金中去，无形之间就提高了租金，提高了种粮成本，降低了收益，对土地流转市场的长期稳定形成了隐患，破坏了土地流转市场的价格体系。

农业补贴政策在一定程度上间接地促进土地流转租金提高，增加了土地流转的成本，不利于土地的流转，从而影响到农村土地资源的配置效率②。鉴于流转成本的增加，很多农户在享受粮食补贴政策的福利后，土地撂荒、抛荒现象比较严重，这无疑给农村土地流转市场带来了严重的破坏。

---

①　钟春平，陈三攀，徐长生．结构变迁、要素相对价格及农户行为——农业补贴的理论模型与微观经验证据．金融研究，2013（5）．

②　黄建水．农村土地承包经营权流转制度立法研究．河南大学学报（社会科学版），2011（1）．

6.3.2 农业补贴政策引发土地流转纠纷、不利于形成规模经营

粮食补贴政策增加了农民对土地的预期收益，给农村土地流转市场造成了不利影响，甚至引发土地纠纷。党的十七届三中全会通过的《中共中央关于推进农村改革发展若干重大问题的决定》指出“按照依法自愿有偿原则，允许农民以转包、出租、互换、转让、股份合作等形式流转土地承包经营权，发展多种形式的适度规模经营。有条件的地方可以发展专业大户、家庭农场、农民专业合作社等规模经营主体”。农业补贴的政策目标是“谁种粮，谁受益”，而在政策实践的过程中却是“谁的土地，谁受益”，也就是说，粮食补贴是直接补贴给土地承包方，而不是土地流入方。

粮食补贴政策引发土地流出方、土地流入方之间的矛盾，不利于土地流转，不利于形成规模经营。一方面，从土地承包方来看，粮食补贴政策的初衷是鼓励农民种粮食，推动土地流转，实现规模化经营，为农业现代建设打下基础。众所周知，在政策的实践过程中，粮食补贴却成了土地承包方的固有经济收益，加上土地在农民眼里一直被视为生产的最基础的、最可靠的保障，所以很多农户都会选择保留一部分土地以应对未来可能出现的风险，这就会给土地规模化、农业规模化经营带来很大的困难。另一方面，从土地流入方来看，他们是现代化农业的经营主体，粮食补贴没能使这部分群体享受到真正的益处。而农业是一个投入大、回报低、风险高的产业，当他们对社会有了很大的贡献之后受到政府的其他资助或是补贴时，土地承包方就开始表达利益诉求，因为在农户眼里，土地是谁的政府的相关补贴就是谁的，在部分村庄，这样的情况甚至引发群体性事件，或因协商不成，各类农业现代化经营主体只能停业，土地流转市场停滞。

因此，粮食补贴政策等在利益分配不均时，容易引发土地供求双方的矛盾，降低土地流转意愿，难以形成有效的土地流转市场，不利于农业规模化经营，不利于山地高效农业的发展，不利于现代化农业的建设。

6.4 问题四：农村土地市场不规范影响土地流转

农村土地流转是农业可持续发展的客观要求，也是化解“三农”难题的有效途径，规范农村土地流转是促进农业规模经营、农业结构调整、发展高效山地

农业的基本途径，也是促进农民增收、帮助农民脱贫的重要途径。然而在实践中，现阶段农村土地流转还存在诸多问题，尤其是亟待解决的农村土地流转市场不规范的问题，规范的土地流转市场是有效推进土地流转的保障。

当前农村土地流转的面积在不断增长，流转形式多样，但是农民的流转意识不清，很多农民对国家的土地承包政策和土地流转政策理解还不够深入，相关单位以及责任的宣传也不到位，一些农民对流转出去的土地不放心，担心土地流转出去后不能保证收益，还有部分农民不理解政府发展现代化农业、发展高效农业的项目，进而引发不配合相关项目实施等事件，这些都是由农村土地市场不规范所引起的。

6.4.1　土地流转行为不规范，农地流转纠纷多

大部分村民在进行土地流转时，多数是由村委会或是乡（镇）政府组织村民承包，或组织村民集体流转给农业经营主体，不是农户直接与农业经营主体进行土地流转工作，甚至很多农户在流转完土地后，土地承包证、流转合同都统一存放在村委会。这些与国家的政策是相违背的，会损害农民利益，容易引发农户不满。在很多农村，土地流转采取口头协定办法进行流转，发生纠纷也没有相关依据，同时，部分农民在签订土地流转合同时，合同内容不完整、条款模糊、权责不明等都导致了土地流转矛盾纠纷不断增加，给农村土地流转市场的健康发展带来了很大的挑战。从土地流入方来看，土地流转过程中呈现出“非粮化”的现象，改变土地用途不仅损害了农户的利益，而且与土地流转政策相违背。

6.4.2　农地流转双方履行契约行为能力偏弱

农地流转发生在我国农村，其经济环境和社会环境与城市相比有一定的局限性，以农户为主体所签订的契约在当前农村环境下的关系有待规范。目前，存在的土地流转方式主要有两种：一是村民内部之间相互流转；二是由村干部牵头集体流转给相关农业经营主体。

（1）村民依靠情感关系流转。从现有的农村土地流转市场来看，村民依靠情感关系流转是一种比较常见的流转形式，而且这样的流转活动相当活跃。这种流转形式与追求效率原则的“要素市场”不同，基于农村特有的环境，农村土地的流转市场大多情况下可以认为是以“情感市场”为基础的农户与村集体内

部熟人之间的流转①。这使经济学意义上的“市场契约”转变成“身份契约”，在发生利益冲突时，“身份契约”得不到相应的法律保障，同时，村民内部流转土地多数是从事原有的经济作物的种植，也很难形成规模，一旦出现种植成本增高、自然灾害发生、市场不景气的情况，流转行为可能随时停止，并引起土地流转市场不稳定。

（2）集体流转给农业经营主体。这样的流转一般是由村干部牵头，通过招商引资，引进社会资本，发展现代农业，促进高效山地农业的稳定发展。但是由于农业是一个具有重资本、高风险、回报周期长等特点的行业，当资金能力和技术力量相对薄弱时，农业经营主体可能会全身而退，扔下烂摊子，最终受到损害的还是流转土地的农民。另一种情况是，面对农业经营主体，农民无法与其风险共担、利益共享，不平等的关系使农民不愿意继续参与农地流转，而且农民愿意采取正当的合法权益表达自己利益诉求的渠道不畅，当自身觉得利益得不到满足时，引起土地流转抵触情绪，甚至不惜一切代价收回土地，从而导致双方冲突，影响土地流转市场健康稳定的发展。

6.4.3 没有统一的土地流转平台影响农地流转

不管是土地流入方还是土地流出方，他们都希望在一个交易平台上进行交易，对土地供应方以及土地需求方来说，他们都渴望在第一时间内寻找到合适的土地流转信息，但是由于目前没有统一的土地流转交易平台，农地流转信息就不能及时传达，这就不利于土地有效及时地流转，无形间也会增加土地流转的成本。

［**专栏 6.2**］

金沙县城关镇台金农业技术开发有限责任公司周边调研

时间：2016 年 1 月 16 日

记录人：孟令浩、林梦婷

金沙县城关镇位于毕节市东部，面积 151.03 平方公里，辖 54 个行政村，14 个居委会，2 个家属委员会，人口近 9 万。

---

① 胡新艳，朱文珏，刘凯．理性与关系：一个农地流转契约稳定性的理论分析框架．农村经济，2015（2）．

贵州台金农业技术开发有限责任公司于 2012 年 3 月 19 日注册于贵州省金沙县城关镇长安路下段，注册资本 1 亿元，由中国台湾台一集团、穗耕种苗集团、千江月茶业有限公司与金沙梦樵茶业有限责任公司共同投资建设。台金生态观光农业科技示范园项目是全省“五个 100 工程”中的农业园区和旅游园区“双一百”项目，先后获得“全国乡村旅游示范点”“国家级农业科技示范园”“贵州省十佳乡村旅游示范点”“贵州省十家示范样板园区”等称号。公司主要经营蔬菜、花卉、水果、种苗的种植及科研，休闲旅游文化观光、苗木、花卉进出口贸易、农产品深加工。

公司计划总投资 10 亿元，打造集现代农业示范区、休闲观光旅游、农业科技为一体的国际休闲旅游度假胜地。第一期占地 2130 亩，其中农业生产、观光旅游核心区 1760 亩，旅游配套服务设施 370 亩；第二期规划 20000 亩，远期辐射 56 平方公里，是一个将循环经济、立体农业、生态旅游融入一体，跨越第一产业——农业、第二产业——食品深加工业、第三产业——生态观光旅游服务业的产业综合体。项目于 2011 年 5 月 8 号正式开工，截至目前，已累计完成投资 2.8 亿元，流转土地 1760 亩。

以下是在对城关镇台金农业技术开发有限责任公司周边农户调研的典型问答摘录：

Q：你怎么看待农业补贴政策，有没有因此受益呢？

A：（周某，女，56 岁）农业补贴政策挺好的啊，现在没有种地了，还能有政府的补贴，挺好的。

Q：你从农户流转了很多土地，这些土地是你在种植，你觉得你应该享受农业补贴吗？

A：（曾某，男，54 岁）土地现在都是我在种植，农业补贴应该给我，但是，那些农民就不高兴了，以前因为这个还发生过矛盾，最后农业补贴还是给他们了，现在销路不好，土地租金那么高，政府补贴也很难申请，只能想办法降低土地租金了，要不，实在没有办法继续下去了。

Q：在你流转土地的过程中有没有发生过一些纠纷呢？

A：（熊某，女，62 岁）以前发生过一些纠纷的，刚开始土地流转时，那些租地的人想要农业补贴，我们都不答应，为此还吵过。还有就是在流转时，我们在土地流转之后才知道土地流转给谁了，这一点，我们觉得不是很透明，其实，我们是不愿意流转的，但是，不流转也没有办法，现在我们在这里做工，工资也不是很高，但是，不来这里做工，我们这些年纪比较大的老人也没什么收入来源了。

Q：土地流转出去后有没有后悔过？后悔的话怎么办？

A：（何某，男，61岁）肯定后悔啊，我现在都后悔当初不应该流转土地的。但是，有些流转出去的土地因为租金谈不拢最后收回来了，有些土地租出去因为一些原因暂时还没有办法要回来。有些企业来流转土地时说得非常好，但是，这些人钱不够时就撤手走人了，留下烂摊子，人都找不到，我们也没有办法。

Q：你觉得土地流转需要统一的流转平台吗？

A：（杨某，男，59岁）在我看来，统一的流转平台相当重要，这样也可以避免强迫我们流转的现象发生，我们把信息发布出去，愿意租的可以直接联系我们，他们也可以发布需求信息，我们也可以联系他们，这样多好，像现在这样，租金低，还不得不流转，以后我们老了，土地收不回来，该怎么办嘛。

从村民的眼中可以看出，土地流转工作的开展并不规范，土地流转纠纷较多。尽管签订了合同，但是土地流转双方的履约能力较弱，加上没有统一的流转平台，土地流转监管缺失，进一步影响了土地流转工作的开展。

第 7 章　土地流转与贵州山地高效农业发展：四大建议

7.1　建议之一：完善农地产权制度

根据现代产权理论，结合当前农村经济发展的需要，我们可以认为稳定而又清晰的产权是农村土地承包经营权流转的基础，理由有以下四点。

第一，扩大农村土地承包经营权流转、激励各方积极参与土地流转的基础就需要有一个稳定又清晰的农村土地产权制度。对于农村土地承包方来说，他们有将土地流转出去的意愿，但是，由于没有清晰的农地产权制度作为保障，农民土地经营权也难以自由地流转以获取收益，加上当前不断发生的土地流转纠纷和矛盾使得农民对土地流转持有戒备心理。稳定清晰的农村土地产权制度可以促进土地资源的有效使用，在这个基础上拥有自由处置土地的承包权、经营权等，在一定时间内的排他性收益权和使用权等就可以在法律层面上保障他们对流转的土地进行投资的结果完全属于自己所有，这样就可以形成有效的农村土地流转的激励。

第二，通过土地流转进行农业生产经营的主体对自己的土地投资预期的基础是需要有稳定清晰的土地产权制度。农业经营投资具有投入大、风险高、周期长等特点，建设农业基础设施也需要大量的投入，周期也比较长，在没有清晰稳定的农村土地产权的基础上，农业生产经营主体对农业投资不能形成积极的投资预期，对农业生产的投入也会减弱，这就会降低土地流转带来的经济收益，间接地影响到农村土地流转市场的稳定与发展。只有清晰稳定的农村土地产权制度，保障对农业投资的预期，才会让农业生产经营主体在以追求长期的经济效益的目的下增加对农业基础设施的投资，从而提高农业生产经营效率，促进农业现代化的发展，实现农业适度规模经营的效益。

第三，清晰稳定的农村土地产权制度是形成健康稳定的农村土地流转市场的基础。根据经济学理论，价格机制是市场机制的核心，所以要优化当前的农村土地资源的配置效率就需要形成适合当前土地流转市场的土地流转价格机制，以明确的农地产权制度作为保障，也只有这样才能实现农地资源的优化配置，发挥出土地流转的价值。市场价格机制的形成需要充分自由的市场交易环境基础，这就需要有清晰的产权制度作为基础。农村土地流转市场的繁荣需要土地流入方和土地流出方双方共同的努力，如果只有清晰稳定的产权制度，但是农业生产经营主体对农业投资的预期的消极判断、不能长期地对农业生产进行有效的投资，在追求收益的基础上就会不断降低土地流转的成本，低价流转土地，这就会损害农民的利益，这就间接地破坏了农村土地流转价格机制，从而对农村土地的出租方、承租方都带来消极的影响。

第四，清晰稳定的农村土地产权制度也可以促进农村土地流转约束机制的形成。在当前农村土地进行“三权分置”的背景下，农村土地流转市场逐渐完善，农村土地流转后农村土地产权的分离是必然的结果。农地产权分离后，需要建立有效的权利约束机制以防止农民的合法权益受到侵害，为土地流转的长远发展予以制度上的支持。

我国农村土地实行所有权、承包权、经营权“三权分置”，当前的农村土地制度主要存在着产权主体缺位、产权缺位等问题，表现出来的是集体所有权不明确、承包经营权不完整等问题。这些问题对农业现代化发展、山地高效农业的发展带来的制度障碍，建议从以下几个方面加以完善：其一，进一步确定所有权的主体。农村土地是“农民集体”所有，对于集体并没有进一步明确的解释和说明，这是农村土地所有权主体缺位的主要表现。农地所有权缺位的另一个直接表现是农民没有自己的合法组织，土地集体所有的制度说明农地产权制度是一个建立在组织上的产权形式，但是由于农民没有合法的自主组织，也就没有法律意义上的“法人”代表，所有权归集体所有并非完全属于集体所有。因此需要进一步明确所有权的主体，在坚持农村土地属于集体所有的前提下，从法律上明确规定土地所有权在村民小组、村集体、乡（镇）这三个三级集体之间的归属关系，分清权利与职责。其二，进一步明晰、法定化土地权利。从目前来看，“三权分置”的格局已经形成，但是，三种权利并不对等，表现出来的就是在土地流转的态度上村集体等的强势和农民的弱势，例如，强制土地流转行为的发生就是因为权利的不平等所造成。我国《民法通则》规定：“财产所有权是指所有人依法对自己的财产享有占有、使用、收益和处分的权利”。土地属于集体所有就说明农民集体有权自由支配这些财产，这些财产所带来的经济收益应该属于所有村民，村民也有自由行使对土地的处分、转移等权利。所以应该从法律的角度上明确承包权的内容而不是在进行土地流转时在流转合同中约定双方的权利与义务。其三，保障农地利用自决权，杜绝不当的行政干预。在目前的土地流转过程中，不少农民都受到了不当的行政干预：一是表现在强制流转上；二是表现在流转后农民利益受损后不能获得正常的申诉渠道。

[专栏 7.1]

六盘水市“三变”改革的经验

2014 年以来，六盘水市结合自身实际积极探索了农村资源变资产、资金变股金、农民变股东“三变”改革，有效整合了各种资源要素，激活了农村个人生产力和社会生产力，完全符合邓小平同志对我国农业改革与发展“两次飞跃”的伟大构想。在“三变”改革中，六盘水市以股权为纽带，通过大力发展农业产业平台，把农村的各种资源优势、生态优势转化为产业优势、经济优势，推动农业产业规模化、组织化、市场化发展，实现绿水青山与金山银山的有机统一，有力促进了农业生产增效、农民生活增收、集体经济增强、农村生态增值。

在“三变”改革中，六盘水市坚持以“三变”改革激活生产要素，在保障土地集体所有权、保障农户承包权的前提下，放活农村土地经营权，对农村土地、森林、草地、荒山、风景名胜、古树名木等资源进行确权评估认定，整合农村扶贫资金、财政资金、社会资金，引导农民自愿将土地承包经营权和资产、资金、技术等入股，把人力资本整合到产业平台上，推进“三变”改革与农民专业合作社、农村供销社和农村信用合作社融合发展，让“死资源”变“活资源”、“黑资源”变“绿资源”、“冷资源”变“热资源”、“存量资源”变“增量资源”，让资金投入从“分散”变“集中”、从“输血”变“造血”，让农民从“旁观者”变为“参与者”、从“工人”变为“主人”。

资料来源：贵州民族日报/数字版 2016 年/7 月/21 日/第 51 版。

六盘水市“三变”改革充分尊重了农民的意愿，保护了农民的土地产权，维护了农民的土地流转权益，对土地流转的方式有着重要的参考意义和现实意义，对农地产权制度的改革有着重要的理论意义和指导意义。

7.2 建议之二：提高农民对土地流转的认知水平

多数基层政府官员以及农民对土地流转缺乏正确的认识。一是农民文化程度普遍偏低，对国家的政策补贴过度依赖。目前，农业税取消，各种对农民利好政策不断出台，土地的利益逐年增加，部分农民担心土地流转后得不到这些政策补贴而不愿意将土地流转出去。二是小农思想严重。在长期的城乡二元制度的基础上，农村的社会保障体系不完善，农民在养老、医疗等方面得不到保障，因此对土地的依赖程度很高。在社会经济不断发展的现实背景下，土地流转租金长期不变或是增长缓慢，导致很多农民不愿意将自己所承包的土地流转出去，同时也是为了不发生各种土地流转纠纷矛盾，宁可将土地闲置也不愿意流转给企业或是政府。三是当地基层政府对土地流转不够重视。基层政府的干部对土地流转的政策法规不熟悉，没有及时有效地宣传、引导，使很多土地流转得不到政策的保护，影响土地流转进程。

7.2.1 提高农民对土地所有权的认知水平

农民是农村土地流转践行的主体，农民对土地所有权的认知，对农村土地流转有着深远的影响。土地所有权在农民的认知里长期以来都有着三种代表性的观点。从洪名勇等调查结果中可知，18.5%的农民认为土地是属于国家的，42.24%的农民认为土地是集体所有的，37.01%的农民认为土地是个人的[①]。从钱忠好等调查结果中可知，38.1%的农民认为土地是国家的，25%的农民认为土地是集体的，25%的农民认为土地是个人的，不清楚土地归属占有6.3%[②]。在进一步的调查中，当问"集体"是指的什么时，很少有村民能给出比较准确的说法。

尽管有一部分人觉得土地归国家、归集体所有，但是，其中仍有大部分觉得，尽管土地不属于个人，但是国家和集体也不能强制收回土地，而且，他们更

---

① 洪名勇. 欠发达地区的农地流转分析——来自贵州省4个县的调查. 中国农村经济，2009（8）：79-88.

② 钱忠好，冀县卿. 中国农地流转现状及其政策改进——基于江苏、广西、湖北、黑龙江四省（区）调查数据的分析. 管理世界，2016（2）：71-81.

希望土地归个人所有。农民对土地所有权的认知与国家法律法规等政策有显著的差距，农民土地属于集体所有的意识较为淡薄，此外，农民年龄、受教育程度等不同都会影响到对土地所有权的认知。

因此，应该在农村土地集体所有的基础上，提高农民对土地所有权的认知水平，可以通过介绍法律法规、真实案例解说、农地产权制度的变革等方面来提高农民对现有的农村土地制度所有权的认识，通过提高农民的认知水平，这样不仅有利于政策的宣传和落实，而且有利于土地流转工作的开展。

7.2.2　提高农民对土地承包权和经营权的认知

目前，农民对土地承包经营权的认知差异在于土地承包方式以及承包年限上。

在土地承包方式上，长期以来实行的是“增人不增地，减人不减地”的政策，经过十多年的发展，农村环境以及农村人口结构都发生了较大的改变，但是土地承包方式却一直没有改变，很多农户所承包的土地因自然原因已经石漠化。此外，针对土地承包应该履行的手续大部分村民表示不知情或是根本就不知道有这回事。同时在承包年限上的认知相对模糊，有的认为土地是永久承包，有说是 30 年，也有说是 15 年。这些差异的产生无疑都会给土地流转工作带来阻碍，影响到山地高效农业的发展，影响到农业现代化的进程。所以就需要基层政府在土地承包权、经营权方面提高农民的认知水平。

农民对土地承包权、经营权的认知水平不一样，在进行土地流转过程中就会遇到不少困难。从调研的结果来看，农民对土地承包权、经营权的认知还有很大的提升空间，这些认知来源于他们的个人理性，与法律及相关政策规定有一定的出入，在进行土地流转时，要在尊重农民意愿的基础上积极地宣传国家的法律及相关政策制度，同时推进农村土地制度的改革以适应现代化农业发展的需要。

7.3　建议之三：规范土地流转政策制度

7.3.1　建立因地制宜的土地流转制度

土地承包经营权流转，要因地制宜，要结合各地自身的实际情况制订相应的农户地流转政策。首先，必须坚持有偿、自愿流转的原则。根据相关规定予以经济回报，各级政府、村集体不能片面地追求自身的政绩、单一地追求农业规模化和农业现代化，借助行政权力和手段强制流转，这样做只会适得其反，对于基层政府官员在实际工作中应该加强宣传和引导，加强土地流转市场秩序的构建，创造健康稳定的发展环境。其次，要控制好土地流转的规模。在进行土地流转的过程中不能一味地追求规模效应，而是要以适度规模经营为目的。规模太大但是生产能力与生产技术跟不上时就容易形成粗放的经营方式，为了规模与产出能互相匹配，适度规模经营应该是土地流转的目标，这样可以提高土地的利用效率，节约土地资源。最后，要根据各个村子的实际情况，根据农业的发展水平、经济基础以及自然条件等制订自身发展的土地流转政策与制度。当前，在一些经济较为发达的农村地区及对农业依赖程度较低的地区，非农产业发展较好，土地流转意愿也较强，对土地流转的形式也有着不同的需求，希望发挥土地的附加价值，然而在经济条件相对落后的地区，农民对土地的依赖性依然很强，对土地的流转意愿相对来说会小很多。因此，针对不同的地区，要根据各地的实际情况制订相应的土地流转政策，采取有效的监管措施和保护农民权益的措施，在坚持农村土地集体所有的基础上，坚持自愿、有偿流转的原则，建立有效的机制开展承包经营权的流转工作，同时也要动态监控在土地流转过程中出现的新情况、新问题，并予以有效及时的解决。

7.3.2 规范化的土地流转市场及管理

推进土地流转，不仅要积极培育土地流转市场，而且要建立相应的服务体系，采取相应的措施，建立相应的土地流转制度：

一是建立完善统一的土地流转服务平台。通过建立土地流转服务平台，不仅能提高及时有效的土地流转交易信息，而且能有效预防信息不对称情况下对农民不利的交易行为，同时也能进行有效监管和进行政策调控，以便更好地开展各项土地流转工作。

二是通过土地流转服务平台搭建农村土地供求方和农村土地需求方之间的关系桥梁，并协助沟通市场供需双方，解决信息不对称等问题，切实落实为人民服务的宗旨。

三是不依靠行政手段建立科学的土地流转价格指导机制。土地流转的价格体系应该是在市场中形成的一个价格体系，行政权力只能进行适当地调控而不是依靠行政权力单方面地制定出土地流转的价格。市场规律中形成的土地流转价格应该反映出市场的真实水平，更应该反映出农民权益以及农民的经济收益，但是，依靠行政手段制定的土地流转价格往往不能反映出市场的真实状态。

在规范土地流转市场的同时，也要加强土地流转的管理，尤其是要防止农村土地“非粮化”的现象发生，处理好土地流入方与土地流出方之前的权益关系。把土地流转方以及土地的流转程序都做出相应的规定，明确规定交易双方之间的权利与义务。同时也提供相应法律援助服务，为土地流转的农民提供法律支持，对土地流转合同进行备案，确保土地流转规范化，杜绝土地流转后更改土地用途的现象发生。

7.3.3　进一步加强农村土地确权

为了适应农业现代化的发展和高效农业的发展，也为了更好地管理土地流转工作，“产权明晰、用途管制、节约集约、严格管理”这一要求显得更为重要。我们要清楚确权是基础，流转是核心，配套是保障，通过农村土地确权可以稳定农民和农村土地之间的关系。通过农村土地确权，有利于“三权分置”的形成和巩固，农民的权益也能得到有效的保障。通过确权，农民可以依法自由地进行经营权的流转，也可以依法获得其他相应的权益所带来的经营收益。农村土地的确权是为了合法地实现农民对自己的财产的利益诉求，农村土地的确权可以帮助农民保护自己的财产。同时，通过农村土地的确权一方面更加明确农民是土地的主人，可以自由地进行土地流转；另一方面也使保障农民的土地权益有了法律依据。

[专栏7.2]

2016年海口市演丰镇农村土地确权经验总结

为了认真贯彻落实市委市政府和区委区政府农村土地承包经营权确权登记工作的相关文件精神及政策规定，镇委镇政府高度重视，把确权登记工作作为全镇农业农村工作的一项重要内容。现将工作总结汇报如下。

一、工作主要做法

（一）加强组织领导，坚持高位推进

为了确保工作顺利开展，我镇成立了农村土地承包经营权确权登记工作领导小组，由镇长担任组长，纪委书记和分管农业的副镇长担任副组长，小组成员从各相关部门中抽调。领导小组下设办公室负责具体实施。12 个村委会也成立了工作组，镇驻村挂点领导担任组长，镇驻村联系点组长和村委会书记担任副组长，成员由“两委”干部组成，同时吸收村民代表、熟悉村情的老干部等配合参加工作。目前为止，参与确权的工作人员达到 501 人。通过成立专门机构和工作小组，加强了组织领导，为登记工作有序开展奠定了很好的组织基础。

（二）制定工作方案，明确目标任务

为了做好确权登记工作，我镇结合实际情况，制定下发了演府发［2014］63 号《演丰镇农村土地承包经营权确权登记工作实施方案》。方案中明确了此次开展农村土地承包经营权确权工作的重要性，以及开展土地承包经营权确权登记工作的基本原则、目标任务、操作规程等，做到分工到人、职责明确、安排合理。

（三）编制工作流程图，确保规范操作

为了进一步规范工作行为，提高工作质量和水平，根据美兰区农村土地承包经营权确权登记工作流程，结合我镇实际，编制了《演丰镇农村土地承包经营权确权登记工作流程图》。流程图直观、具体、明确地反映出确权登记工作的主要步骤和工作重点，使参与工作的人员能够准确理解和熟悉掌握具体操作规程，同时便于群众对工作进行有效监督，确保了工作正常、有序、规范开展。

（四）工作政策牢记心，宣传入户惠群众

农村土地承包经营权确权登记工作需要做大量的工作让老百姓了解。为此，向镇确权工作领导小组成员、镇挂点领导、联系点组长、全体村委会干部传达了区里的相关精神和宣传了确权登记工作的重要性，并对土地承包确权登记工作进行了周密安排，明确了工作程序、方法步骤、责任主体和质量要求。还通过采取公开信、拉横幅、贴标语、设立展板等方式，在广大农民群众中加大宣传力度，切实做到宣传入家入户。

（五）加强培训和学习，营造良好工作氛围

（1）业务培训。根据工作进展和实际需要，我镇共组织了 69 次动员培训。由区分管领导、确权工作组和镇党政主要领导在会上进行动员。区、镇工作组在会上对镇、村骨干人员进行业务培训，提高他们确权登记工作的业务水平，为确权工作的顺利推进提供保障。12个工作组组长还分别深入村委会及相关村民小组进行动员培训，进一步提高农村群众积极配合抓好确权登记工作的意识，形成良好的工作氛围。

(2)观摩学习。市委市政府十分重视此项工作，组织各区试点镇的相关工作负责人、业务骨干到三亚市育才镇观摩学习，吸取他们开展土地承包经营权确权工作的优秀工作经验。通过观摩学习，使我镇工作人员开阔了视野，学到了经验，看到了自身的差距，明确了改进工作的方向和重点，并为我镇开展工作提供了很多可供借鉴的经验。

(六)建立制度，按质按量完成任务

为进一步推行高效工作机制，强化工作措施，改进工作方法，确保工作扎实有效推进，我镇建立了领导干部分片包干和信息报送制度。

(1)制定领导干部分片包干制度。12个村委会各安排了一名镇领导干部作为责任人，镇领导干部要严格按照“一岗双责”的要求，在完成本职工作的同时，分片包干完成农村土地承包经营权确权登记工作。同时，根据各村实际情况，将村分成若干片区，分片包干给村“两委”干部。镇领导干部和村“两委”干部要严格按照制度内容执行，分工合作、分层负责，将职、权、责落实到人，实行划片包干、标准量化、定期考核。

(2)制定信息报送制度。为了及时掌握各个村委会确权登记工作开展情况，建立了镇、测绘公司和村委会的信息报送联动机制。镇、测绘公司和村委会确定专人，建立信息报送制度，及时搜集整理工作动态，采取不定期方式，做好信息报送工作。信息内容重点围绕工作方案实施，分阶段工作进度、工作做法与成效、试点中遇到的突出问题、破解矛盾纠纷的办法和途径等，及时报送。村委会和测绘公司将信息整理报送至镇农村土地承包经营权确权登记工作领导小组办公室，办公室将信息审核、汇总后向他们进行反馈，并按照市、区要求，实行每周报告制度，及时向市、区相关领导通报工作进展情况。信息报送使上级领导及时掌握近期的工作情况和进度，为领导科学决策提供依据，也促进了区、镇、测绘公司和村协调沟通，推进工作的顺利开展。

(七)协调指导到位，全力推进工作

一是主要领导跟踪协调和部署。镇委、镇政府多次召开专门会议研究确权工作，并明确要求镇、村两级干部要把农村土地承包经营权确权登记工作当作当前全镇的中心工作之一来抓好抓落实，先期从区政府协调40万元到位保障确权工作。区职能部门和工作组针对前期承包经营权测量单位技术力量和队伍力量弱的情况，区农林局增派专业测量公司进驻演丰加快测量。二是确权即时指导。针对各个村庄开展确权工作中不断出现的新情况，区房产局、农林局和镇领导小组办公室、各工作组人员总是第一时间深入现场进行指导，帮助村民解决疑难，全力推进工作。

（八）检查监督到位，实行工作奖惩机制

镇委明确镇纪委对农村土地承包经营权确权登记工作进行全程跟踪检查和监督，及时改正确权工作中存在的问题。镇委、镇政府就土地承包经营权确权登记工作制定了奖惩制度，明确按照时间节点完成工作任务的工作组予以奖励，不能按时完成任务的将启动问责。同时，建立奖励制度，激励各村委会加快推进工作。

二、下一步工作计划

（一）加强宣传力度

采取多种方式进行宣传发动，让群众更加充分意识到专项工作的重要意义、认识到做好农村土地承包经营权确权登记工作给他们带来的好处，引导农民群众积极配合、主动参与确权工作。

（二）加强指导力度

建议由市、区职能部门针对各村在确权登记工作中存在的不同情况、不同问题进行研究，结合实际情况进行专业指导，帮助解决实际问题。

（三）加强协调力度

重点抓好人员、业务指导和资金等方面的协调工作，确保工作人员到位、业务指导到位、经费保障到位。

（四）加大督查力度

进一步加强监督检查，督促各工作组、工作人员认真负责，确保下一步的工作任务按时、高质推进。

资料来源：海口市演丰镇政府网站。

基层政府的干部能否贯彻执行政府的政策是农民权益能否实现及获得有效保障的关键。演丰镇根据自身特点，制定了规范的工作流程，使工作效率得到较大的提升并获得了农民的认可。不管是确权工作还是引导土地流转工作，有宣传，有协调，也有监督，这就充分保障了农民的权益，又促进了土地流转，一举两得。

7.3.4　完善农村土地流转经营权确权制度

土地投入的回报具有滞后性和长期性，农民只有拥有长期稳定的土地承包经营权，才愿意对土地进行大胆的投入。否则，不管是农户还是土地流入方就会从自身短期利益出发，重视农业的短期效应，而不会增加对土地的投入，甚至会有掠夺性的农业生产经营行为，不利于土地质量的稳定和农业长远发展。因此，完善农村土地经营权确权有利于长期稳定的农业发展，确认农村土地所有权，完善农村土地流转经营权确权。通过完善农村土地经营权确权的不断改革提高农业生产效率，不仅是我国改革开放以来农业领域的重点工作，也是实现农业适度规模经营的必要前提，这样有利于重构农村集体经济组织实体，促进农业现代化的发展。

7.3.5　进一步完善农业补贴政策

农业补贴政策可以促进农业转型升级、促进现代化高效农业的健康发展。虽然农业补贴政策有不完善之处，但是农业补贴政策依然可以促进相关产业的发展，贵州省茶产业取得成绩就是一个典型的成功案例。完善农业补贴政策可以从以下两个方面考虑：

第一，设立门槛，确保专项资金用到实处。通过设定一些门槛，如农业产业的面积、实际带动就业人数以及相关财务指标，确保专项资金能解决经营发展困难的农业大户等农业经营主体。

第二，建立农业补贴共享机制。农业补贴尽管是为了扶持农业产业的发展，但是，土地承包者既没有享受到农业产业发展带来的红利，也没有得到农业补贴，影响了心理满意程度，引发矛盾纠纷，通过设立农业补贴共享机制，让农民享受农业补贴带来的红利，可以稳定土地流转关系，进一步促进农业产业发展。

7.4　建议之四：加强农民利益的保护

2014 年 11 月中共中央办公厅、国务院办公厅印发的《关于引导农村土地经营权有序流转发展农业适度规模经营的意见》指出：“实现所有权、承包权、经营权三权分置……坚持农村土地集体所有权，稳定农户承包权，放活土地经营权。”当前虽然制定了政策鼓励农地承包经营权的流转，但是尚未对侵害农民权益的做法予以明确的规定和制止，当前对经营权的流转也有很大的局限性，尽管农民拥有农地承包权和经营权，但是土地流转不能改变农业用途，这样的规定在实际中对农民是“生效”的，对流入土地的企业和政府却没有那么严格。这就造成了农民权益受到侵害的现象，影响到土地流转工作的顺利开展。

根据前面所列举的对农民权益侵害的行为，在“三权分置”的背景下，防止对农民利益进一步的侵害。经过几十年的改革开放，人民的生活质量有了很大的改善和提高，如今不少地区的农民脱离贫困，开始进入小康生活。但依然有部分落后地区农民的生活质量还很低，仍然在贫困线上挣扎。这样他们对所承包的土地寄予了厚望，至少在生活保障方面，土地是贫困农民的基本生活保障。在推行土地流转的过程中，农民的权益得不到有效的保障，农民的生活又缺乏相应的保障，导致各类矛盾纠纷频繁发生。农民权益得不到有效的保护，需要各级政府及相关部门及时制订有效的政策，既要保障农民的基本权益，也要积极地引导促进土地流转，提高农民土地流转的意识，激发农民土地流转的热情，以发展高效农业，实现农业现代化。这样，不仅实现了农业规模化，也增加了农民的收入，维护了农民的利益，有利于进一步进行农村土地制度的改革和农业现代化的建设。

7.4.1 坚定不移落实三权分置，保护和放活经营权

根据当前的发展形势，农地土地制度改革不断深入，实行“三权分置”，在原有的“两权分离”的基础上将承包权与经营权进行分离是农村土地制度改革的必然选择。一方面，坚持农村土地集体所有，承包权和经营权归农民所有，“三权分置”不仅巩固了农民的权利，也进一步明确了农村土地所有权的性质。另一方面，可以稳定承包权，保持长期的承包关系，而且允许经营权进行流转，同时农民也可以进行抵押贷款获得金融服务支持，进一步释放农地承包权、经营权的效益，改变了原有的单一的生产功能效益的局限性，给农民带来实惠。具体来说，在坚持土地性质不变的前提下，允许经营权入市流转，鼓励农民将自己的土地流转出去，这样既能增加自己的经济收入，又能通过土地流转发展高效农业、实现农业现代化。

“三权分置”思想是当前进行农村土地制度改革的核心，也是今后农村土地

产权制度改革的重要思路。放活土地经营权，需要政府做好引导、支持、规范、监管、服务等工作，通过宣传中央的政策让农民知道自己的权利，调动和鼓励农民参与到农地制度的改革中来。与此同时，各级政府和相关部门应该充分考虑当地的经济水平和农业发展状况，制订相适宜的土地流转政策和农业产业的发展规划。在推行土地流转的过程中，要充分尊重农民的自主权，尊重农民的权益，不能进行强制流转，积极采取各类措施预防农地流转风险，充分保障农民的土地权益。

7.4.2　稳定承包关系，积极探索农地改革新制度

当前，农村经济发展迅速，但是农村工作在农村土地问题上却显得棘手。不断发生的农地流转纠纷和矛盾，以及不稳定的土地流转关系等已经严重地挫败了农民的土地流转积极性。党在十八届三中全会指出，进行农村土地制度改革需要不断地赋予农民更多的产权权利。赋予农民土地产权权利，首先就需要对农民的权利进行界定，一是要长期稳定承包权；二是需要各级政府及相关部门认可相应权益，并进行确权，对实际权利予以说明；三是要体现土地的财产权必须实现其金融抵押贷款功能。只有这样，才能真正地使农民的权利落到实处，才能更好地推进土地流转工作。

在农地制度改革的过程中，切实保护农民的利益和话语权。农地制度的改革，要充分吸收成功的经验，总结失败的教训，在结合各地的实际情况下，制定出与当时经济情况和社会环境相适宜的土地流转政策。

7.4.3　建立农地退出机制，鼓励农民进城

“谁来种地”的问题一直是“三农”问题中较为突出的问题。在改革开放的浪潮中，工业建设一直是经济发展的重点，而农业并没有得到足够的重视，导致农业发展较为缓慢，很多农民已经不再以务农维持生计，农民兼业化、市民化趋势较为明显。这样就出现了农村土地闲置，甚至被抛荒的现象时有发生。此外，由于劳动力缺乏，年轻人不愿意从事农业生产，使承包的土地不得不面临被抛荒的命运。十八届三中全会指出，农地制度改革应赋予农民更多的财产权利，农民的土地在抛荒之后，农地价值就会大幅度下降，甚至可能变得“一文不值”。

为了提高农民的收入水平，为更多地赋予农民财产权利，促进土地的流转需

要建立农地退出机制，鼓励农民进城。如今，农村“空心化”现象十分严重，很多农民经过多年的勤奋在城镇定居和工作，但是依然保留着农村土地承包关系。在这些人眼里，承包的土地是他们的财产而不是用以进行农业生产以维持生活的生产资料，他们之所以没有舍弃土地的承包，是因为：一是退出承包关系没有经济补偿；二是也没有规定他们必须解除土地承包合同。所以他们就一直保持这样的承包关系。农民承包的土地在被赋予财产权后应该有科学合理的退出机制，该补偿的进行补偿，该收回承包权的收回承包权。而且通过农地退出机制可以鼓励有条件的农民进城，使这部分农民市民化。这样，可以收回部分农地，从而可以激活土地流转的市场。不仅可以促进城镇化的发展，而且可以促进农村土地制度的改革，通过农地的退出机制可以进一步规范土地的流转市场，更好地促进农村经济的发展，实现农民土地财产权。建立科学合理的农地退出机制，是在国家政策的指导下赋予农民更多的财产权最为直接的表现形式之一，这不仅充分尊重了农民的财产权，而且在农村土地制度改革和农村土地产权制度的改革上具有重要的现实意义。

7.4.4 构建统一的土地流转平台

建立完善、统一的农村土地流转平台是促进农村土地流转市场形成的充分条件。建立农村土地流转平台，一是可以汇集各个地区的土地流转信息，方便各方获取农地流转，也能及时地反映农地流转市场的状态，以便对农地流转进行适当调控。二是可以对土地流转的信息进行归类和引导土地流转，这样就使农民和土地需求双方的交易成本得以降低，提高了土地的流转时间，进而提高了土地的流转效率。三是通过农村土地流转平台可以为农民提供需求方的信息，满足农民对土地需求市场的了解。政府部门可以搭建省、市（州）、县（区）、乡镇四级土地流转平台体系，及时公布土地流转信息，以满足供求双方的需求。建立统一的农村土地流转平台还可以精准确定土地需求方或是供应方，充分展示土地流转市场的信息，也可以对土地的流转进行监控，防止农地在流转过程中遭受毁灭性的破坏。

参考文献

[1] 艾云航. 实现农业集约化、现代化的必由之路——浙江乐清县土地适度规模经营的调查. 农业技术经济, 1994 (4): 8 - 11.

[2] 鲍海君, 吴次芳. 论失地农民社会保障体系建设. 管理世界, 2002 (10): 37 - 42.

[3] 曹建华, 王红英, 黄小梅. 农村土地流转的供求意愿及其流转效率的评价研究. 中国土地科学, 2007 (5): 54 - 60.

[4] 曾福生. 推进土地流转发展农业适度规模经营的对策. 湖南社会科学, 2015 (3): 154 - 156.

[5] 曾福生. 中国现代农业经营模式及其创新的探讨. 农业经济问题, 2011, 32 (10): 4 - 10, 110.

[6] 陈丹, 唐茂华. 国外农地规模经营的基本经验及其借鉴. 国家行政学院学报, 2008 (4): 106 - 109.

[7] 陈杰, 苏群. 土地流转、土地生产率与规模经营. 农业技术经济, 2017 (1): 28 - 36.

[8] 崔宝玉, 王纯慧. 论中国当代农民合作社制度. 上海经济研究, 2017 (2): 118 - 127.

[9] 楚玲. 关于建立农村土地流转制度的研究. 经济地理, 1995 (1): 74 - 78.

[10] 陈杰, 苏群. 土地生产率视角下的中国土地适度规模经营——基于2010年全国农村固定观察点数据. 南京农业大学学报 (社会科学版), 2016, 16 (6): 121 - 130, 155 - 156.

[11] 邓辉. 高效农业发展模式亟需解决的问题与对策. 农业经济, 2013 (1): 18 - 21.

[12] 丁慧媛. 沿海地区小规模兼业农业向适度规模现代农业转化的方向与机制研究. 中国海洋大学, 2012.

[13] 冯应斌, 杨庆媛, 董世琳, 毛旭明, 齐梅. 基于农户收入的农村土地

流转绩效分析. 西南大学学报（自然科学版），2008（4）：179－183.

［14］付凯. 农地流转对农业生产要素整合的影响. 西南大学，2014.

［15］冯小. 新型农业经营主体培育与农业治理转型——基于皖南平镇农业经营制度变迁的分析. 中国农村观察，2015（2）：23－32，95.

［16］方志权，顾海英，张晨，陈怡赟，楼建丽. 农村土地承包关系“长久不变”的调查与思考——以上海市郊区为例. 中国农村经济，2015（10）：28－33，41.

［17］高宏伟，靳共元. 农村土地使用制度：现状、问题与方向. 河北经贸大学学报，2013（5）：76－78.

［18］郭明瑞. 土地承包经营权流转的根据、障碍与对策. 山东大学学报（哲学社会科学版），2014（4）：1－9.

［19］郭秀兰. 新常态下农业结构调整的多维困境及其路径选择. 经济问题，2015（9）：86－93.

［20］高佳，李世平. 农户土地承包权退出意愿的影响因素. 干旱区资源与环境，2016（8）：23－29.

［21］郭贯成，丁晨曦. 土地细碎化对粮食生产规模报酬影响的量化研究——基于江苏省盐城市、徐州市的实证数据. 自然资源学报，2016，31（2）：202－214.

［22］关谷俊作. 日本的农地制度（中译本）. 生活·读书·新知三联书店，2004.

［23］高帆. 农业劳动生产率提高的国际经验与中国的选择. 复旦大学学报（社会科学版），2015，57（1）：116－124.

［24］高梦滔，张颖. 小农户更有效率？——八省农村的经验证据. 统计研究，2006（8）：21－26.

［25］胡初枝，黄贤金. 农户土地经营规模对农业生产绩效的影响分析——基于江苏省铜山县的分析. 农业技术经济，2007（6）：81－84.

［26］胡立强. 农地有效流转面临六大障碍. 农业经济问题，1994（10）：61.

［27］胡新艳，朱文珏，刘凯. 理性与关系：一个农地流转契约稳定性的理论分析框架. 农村经济，2015（2）：9－13.

［28］洪名勇，龚丽娟. 培育新的需求主体 促进农地流转. 农业经济，2016（2）：18－20.

[29] 洪名勇.欠发达地区的农地流转分析——来自贵州省4个县的调查.中国农村经济,2009(8):79-88.

[30] 洪名勇,施国庆.欠发达地区农地重要性与农地产权:农民的认知——基于贵州省的调查分析.农业经济问题,2007(5):35-43,111.

[31] 洪名勇,关海霞.农户土地流转行为及影响因素分析.经济问题,2012(8):72-77.

[32] 何秀荣.关于我国农业经营规模的思考.农业经济问题,2016,37(9):4-15.

[33] 何虹,许玲.农村土地承包经营权确权登记制度的法律完善——基于苏南农村视角.农村经济,2013(6):44-49.

[34] 黄爱军.苏南土地规模经营速度减慢的原因与对策.中国农村经济,1996(11):77-78.

[35] 黄延廷.农地规模经营中的适度性探讨——兼谈我国农地适度规模经营的路径选择.求实,2011(8):92-96.

[36] 黄宗智,彭玉生.三大历史性变迁的交汇与中国小规模农业的前景.中国社会科学,2007(4):74-88,205-206.

[37] 黄祖辉,陈欣欣.农户粮田规模经营效率:实证分析与若干结论.农业经济问题,1998(11):3-8.

[38] 黄祖辉,王建英,陈志钢.非农就业、土地流转与土地细碎化对稻农技术效率的影响.中国农村经济,2014(11):4-16.

[39] 黄婧,史琼,欧国武,崔嵬,孙秋.贵州现代山地高效农业发展的困境与对策.贵州农业科学,2015(8):275-279.

[40] 黄建水.农村土地承包经营权流转制度立法研究.河南大学学报(社会科学版),2011(1):45-53.

[41] 贺景霖.土地规模经营的生产模型分析.统计与决策,2015(6):139-141.

[42] 姜松,王钊.土地流转、适度规模经营与农民增收——基于重庆市数据实证.软科学,2012,26(9):75-79.

[43] 蒋中一.苏南农业现代化初期的土地制度试验——苏锡试验区的经验.农业现代化研究,1994(6):372-374.

[44] 金丽馥.健全农地流转机制 推进现代农业发展——以江苏省江都市农村土地流转经营情况为例.理论导刊,2009(1):73-75.

[45] 蒋永甫，张小英．农民主体与农业适度规模经营的另一种路径选择——基于广西龙州模式的案例分析．中共福建省委党校学报，2016 (7)：86 -93.

[46] 李灿．土地流转背景下农地适度规模经营绩效形成机理分析——基于本量利 (CVP) 模型．经济地理，2017，37 (11)：191 -197.

[47] 李功奎，钟甫宁．农地细碎化、劳动力利用与农民收入——基于江苏省经济欠发达地区的实证研究．中国农村经济，2006 (4)：42 -48.

[48] 李宽，曹珍．实践中的适度规模：基于村庄公平的视角——以上海松江区林村家庭农场为例．农村经济，2014 (2)：7 -11.

[49] 李相宏．农业规模经营模式分析．农业经济问题，2003 (8)：48 -51，80.

[50] 李隆伟．土地承包经营权确权对农民土地流转行为的影响研究．中国农业大学，2016.

[51] 李宁，陈利根，孙佑海．现代农业发展背景下如何使农地"三权分置"更有效——基于产权结构细分的约束及其组织治理的研究．农业经济问题，2016 (7)：11 -26，110.

[52] 李国娟，沈晓梅．国家永佃制：我国农村土地产权制度改革的方向．燕山大学学报（哲学社会科学版），2011 (2)：87 -90.

[53] 李勇，杨卫忠．农村土地流转制度创新参与主体行为研究．农业经济问题，2014 (2)：75 -80.

[54] 罗必良，何应龙，汪沙，尤娜莉．土地承包经营权：农户退出意愿及其影响因素分析——基于广东省的农户问卷．中国农村经济，2012 (6)：4 -19.

[55] 廖西元，申红芳，王志刚．中国特色农业规模经营"三步走"战略——从"生产环节流转"到"经营权流转"再到"承包权流转"．农业经济问题，2011，35 (12)：15 -22.

[56] 林善浪．农村土地规模经营的效率评价．当代经济研究，2000 (2)：37 -43.

[57] 刘凤芹．农业土地规模经营的条件与效果研究：以东北农村为例．管理世界，2006 (9)：71 -79，171 -172.

[58] 刘灵辉．农地自由流转下家庭农场土地适度规模化研究．西北农林科技大学学报（社会科学版），2015，15 (2)：153 -160.

[59] 刘涛，曲福田，金晶，石晓平．土地细碎化、土地流转对农户土地利用效率的影响．资源科学，2008 (10)：1511 -1516.

[60] 刘卫柏．城市化进程中农村土地流转模式创新及政策建议．经济纵横，2012 (3)：92－96.

[61] 刘红梅，王克强，陈晓荣，程偲丽．大城市郊区农村土地承包经营权稳定及制约因素分析——以上海市郊区为例．中国农村经济，2010 (8)：48－57.

[62] 刘远熙．论土地流转与农民土地权益的保护．农村经济，2011 (4)：53－56.

[63] 卢华，胡浩，耿献辉．土地细碎化、地块规模与农业生产效益——基于江苏省调研数据的经验分析．华中科技大学学报（社会科学版），2016，30 (4)：81－90.

[64] 卢华，胡浩．土地细碎化增加农业生产成本了吗？——来自江苏省的微观调查．经济评论，2015a (5)：129－140.

[65] 卢华，胡浩．土地细碎化、种植多样化对农业生产利润和效率的影响分析——基于江苏农户的微观调查．农业技术经济，2015b (7)：4－15.

[66] 陆文荣，段瑶，卢汉龙．家庭农场：基于村庄内部的适度规模经营实践．中国农业大学学报（社会科学版），2014，31 (3)：95－105.

[67] 罗必良．农地经营规模的效率决定．中国农村观察，2000 (5)：18－24，80.

[68] 吕挺，纪月清，易中懿．水稻生产中的地块规模经济——基于江苏常州金坛的调研分析．农业技术经济，2014 (2)：68－75.

[69] 罗丹，李文明，陈洁．粮食生产经营的适度规模：产出与效益二维视角．管理世界，2017 (1)：78－88.

[70] 李练军．粮食主产区水稻适度规模经营意愿影响因素研究——基于江西省7县428个水稻种植户的调查．中国农业资源与区划，2017，38 (12)：130－137.

[71] 李灿．土地流转背景下农地适度规模经营绩效形成机理分析——基于本量利（CVP）模型．经济地理，2017，37 (11)：191－197.

[72] 刘德光．改进农业劳动生产率指标的计算方法．农业技术经济，1986 (8)：43－46.

[73] 马秋林，徐善玉．农村土地流转立法价值取向的多元困境与一元对策．农业经济，2014 (4)：62－64.

[74] 马志远，孟金卓，韩一宾．地方政府土地流转补贴政策反思．财政研究，2011 (3)：10－14.

[75] 马贤磊，仇童伟，钱忠好．农地流转中的政府作用：裁判员抑或运动员——基于苏、鄂、桂、黑四省（区）农户农地流转满意度的实证分析．经济学家，2016（11）：83－89.

[76] 母赛花．当前形势下农村土地流转探析——以云南省大理市为例．经济研究导刊，2011（10）：43－45.

[77] 马晓河，崔红志．建立土地流转制度，促进区域农业生产规模化经营．管理世界，2002（11）：63－77.

[78] 牛磊．改革开放以来农村土地政策的变迁．首都师范大学学报（社会科学版），2009（S2）：19－21.

[79] 彭克强．中国粮食生产收益及其影响因素的协整分析——以1984～2007年稻谷、小麦、玉米为例．中国农村经济，2009（6）：13－26.

[80] 齐城．农村劳动力转移与土地适度规模经营实证分析——以河南省信阳市为例．农业经济问题，2008（4）：38－41.

[81] 钱贵霞，李宁辉．不同粮食生产经营规模农户效益分析．农业技术经济，2005（4）：60－63.

[82] 钱贵霞，李宁辉．粮食生产经营规模与粮农收入的研究．农业经济问题，2006（6）：57－60.

[83] 钱贵霞，李宁辉．粮食主产区农户最优生产经营规模分析．统计研究，2004（10）：40－43.

[84] 钱忠好．非农就业是否必然导致农地流转——基于家庭内部分工的理论分析及其对中国农户兼业化的解释．中国农村经济，2008（10）：13－21.

[85] 钱忠好，冀县卿．中国农地流转现状及其政策改进——基于江苏、广西、湖北、黑龙江四省（区）调查数据的分析．管理世界，2016（2）：71－81.

[86] 秦立建，张妮妮，蒋中一．土地细碎化、劳动力转移与中国农户粮食生产——基于安徽省的调查．农业技术经济，2011（11）：16－23.

[87] 屈小博．不同规模农户生产技术效率差异及其影响因素分析——基于超越对数随机前沿生产函数与农户微观数据．南京农业大学学报（社会科学版），2009，9（3）：27－35.

[88] 秦作霞，殷海善，安祥生．目前农村土地适度规模经营的任务与实现途径探讨．中国农业资源与区划，2016，37（12）：93－97.

[89] 任治君．中国农业规模经营的制约．经济研究，1995（6）：54－58.

[90] 邵晓梅．鲁西北地区农户家庭农地规模经营行为分析．中国人口·资

源与环境，2004（6）：122-127.

[91] 石霞．适度规模经营：农村改革的“第二个飞跃”．中共中央党校学报，2008（6）：26-28.

[92] 石晓平，郎海如．农地经营规模与农业生产率研究综述．南京农业大学学报（社会科学版），2013，13（2）：76-84.

[93] 史卫民．国外农村土地流转的经验与借鉴．经济纵横，2009（7）：108-110.

[94] 苏旭霞，王秀清．农用地细碎化与农户粮食生产——以山东省莱西市为例的分析．中国农村观察，2002（3）：22-28，80.

[95] 孙葆春，牟少岩．家庭农场适度规模发展公平视阈的内涵及特点．改革与战略，2015，31（3）：85-88.

[96] 谭淑豪，曲福田，尼克·哈瑞柯．土地细碎化的成因及其影响因素分析．中国农村观察，2003（6）：24-30，74.

[97] 田孟，贺雪峰．中国的农地细碎化及其治理之道．江西财经大学学报，2015（2）：88-96.

[98] 汤建尧，曾福生．经营主体的农地适度规模经营绩效与启示——以湖南省为例．经济地理，2014，34（5）：134-138.

[99] 王炳春，咸立双．我国农地适度规模经营问题研究．理论探讨，2006（2）：98-99.

[100] 王其南，范远谋，李仲源，徐亚平．农业生产方式的深刻变革——北京市顺义县土地适度规模经营调查．农业技术经济，1989（2）：10-15.

[101] 王兴稳，钟甫宁．土地细碎化与农用地流转市场．中国农村观察，2008（4）：29-34，80.

[102] 王昭耀．关于传统农区土地适度规模经营问题探讨．中国软科学，1996（5）：10-15.

[103] 王智新，梁翠．中国农村土地经营权流转绩效递阶多层灰色评价．林业经济，2013（7）：34-39.

[104] 王颜齐，郭翔宇．土地承包经营权流转：双边交易与集中交易．农业技术经济，2011（10）：46-54.

[105] 魏景瑞，邹书良．平度市“两田制”改革试验及其初步效应．中国农村经济，1992（7）：32-36.

[106] 吴树成．农地流转的辩证思考．湖湘论坛，1995（1）：44-47.

[107] 吴昭才，王德祥．农业经营规模研究．农业技术经济，1990（1）：25－30.

[108] 王嫚嫚，刘颖，陈实．规模报酬、产出利润与生产成本视角下的农业适度规模经营——基于江汉平原354个水稻种植户的研究．农业技术经济，2017（4）：83－94.

[109] 王亚辉，李秀彬，辛良杰，谈明洪，李薇．中国农地经营规模对农业劳动生产率的影响及其区域差异．自然资源学报，2017，32（4）：539－552.

[110] 王长江．指数平滑法中平滑系数的选择研究．中北大学学报（自然科学版），2006（6）：558－561.

[111] 解安．发达省份欠发达地区土地流转及适度规模经营问题探讨．农业经济问题，2002（4）：38－41.

[112] 许庆，田士超，邵挺，汪学军．土地细碎化与农民收入：来自中国的实证研究．农业技术经济，2007（6）：67－72.

[113] 许庆，田士超，徐志刚，邵挺．农地制度、土地细碎化与农民收入不平等．经济研究，2008（2）：83－92，105.

[114] 许庆，尹荣梁，章辉．规模经济、规模报酬与农业适度规模经营——基于我国粮食生产的实证研究．经济研究，2011，46（3）：59－71，94.

[115] 许庆，尹荣梁．中国农地适度规模经营问题研究综述．中国土地科学，2010，24（4）：75－81.

[116] 许月明．土地规模经营制约因素分析．农业经济问题，2006（9）：13－17.

[117] 薛亮，杨永坤．家庭农场发展实践及其对策探讨．农业经济问题，2015，36（2）：4－8，110.

[118] 薛亮．从农业规模经营看中国特色农业现代化道路．农业经济问题，2008（6）：4－9，110.

[119] 熊鹰，陈春燕，李晓．粮食生产适度规模经营的实践与内在机理分析——基于四川省邛崃市的调查．农村经济，2016（7）：56－59.

[120] 阎辉．农民股权生不增死不减——广东南海试验区农村土地股份合作制的新探索．农村合作经济经营管理，1997（7）：8－9.

[121] 杨国玉，郝秀英．关于农业规模经营的理论思考．经济问题，2005（12）：42－45.

[122] 杨雍哲．规模经营的关键在于把握条件和提高经营效益．农业经济问

题，1995（5）：15－18.

［123］杨璐璐，吴群，周应恒，邹伟，黄征学．农村土地“三权分置”催生的农民获得感．改革，2017（1）：32－48.

［124］杨继瑞，汪锐，马永坤．农村承包地产权收益的经济学解析．中国农村经济，2014（12）：13－17，40.

［125］叶剑平，罗伊·普罗斯特曼，徐孝白，杨学成．中国农村土地农户30年使用权调查研究——17省调查结果及政策建议．管理世界，2000（2）：163－172.

［126］游和远，吴次芳．农地流转、禀赋依赖与农村劳动力转移．管理世界，2010（3）：65－75.

［127］有关农村土地流转的讨论综述．湖湘论坛，1995（3）：80－84.

［128］岳意定，刘莉君．基于网络层次分析法的农村土地流转经济绩效评价．中国农村经济，2010（8）：36－47.

［129］于传岗，秦致伟．关于中国式适度规模经营农业界定标准探析．农业经济，2017（2）：86－87.

［130］张光辉．农业规模经营与提高单产并行不悖——与任治君同志商榷．经济研究，1996（1）：55－58.

［131］赵凯．论土地细碎化及其定量测定方法．中国土地科学，2011，25（10）：35－39，88.

［132］赵鲲，刘磊．关于完善农村土地承包经营制度发展农业适度规模经营的认识与思考．中国农村经济，2016（4）：12－16，69.

［133］赵光，李放．养老保险对土地流转促进作用的实证分析．中国人口·资源与环境，2014（9）：118－128.

［134］浙江大学农业现代化与农村发展研究中心、浙江省农业厅联合调查组．农村土地流转：新情况、新思考——浙江农村土地流转制度的调查．中国农村经济，2001（10）：11－18.

［135］郑可锋．浙江省粮田适度规模经营的完善与发展探讨．中国农村经济，1996（4）：67－70.

［136］郑新立，刘希光，李红升．顺义县土地适度规模经营的新情况和新问题．计划经济研究，1988（3）：68－72.

［137］钟甫宁，王兴稳．现阶段农地流转市场能减轻土地细碎化程度吗？——来自江苏兴化和黑龙江宾县的初步证据．农业经济问题，2010，31

(1): 23-32, 110.

[138] 周诚. 对我国农业实行土地规模经营的几点看法. 中国农村观察, 1995 (1): 41-43, 16.

[139] 朱前涛, 金莉, 陈世杰. 农村土地流转的公平与效率性分析——以"成都模式"为例. 国土资源科技管理, 2012, 29 (5): 1-7.

[140] 钟涨宝, 聂建亮. 论农地适度规模经营的实现. 农村经济, 2010 (5): 33-36.

[141] 张星, 汪应宏, 陈浮, 张敏, 钱勇. 区域农地规模经营适宜性及精确分区研究——以江苏省睢宁县为例. 江苏农业科学, 2018 (4): 1-5.

[142] 钟文晶, 罗必良. 禀赋效应、产权强度与农地流转抑制——基于广东省的实证分析. 农业经济问题, 2013 (3): 6-16, 110.

[143] 钟春平, 陈三攀, 徐长生. 结构变迁、要素相对价格及农户行为——农业补贴的理论模型与微观经验证据. 金融研究, 2013 (5): 167-180.

[144] 张树锋, 安海燕. 产权交易市场完善条件下的农地抵押贷款模式及效果研究——以嘉兴市海盐县为例. 中国农业资源与区划, 2016 (5): 135-142, 147.

[145] 张亿钧. 土地流转背景下我国农民专业合作社的发展: 问题、挑战及对策. 农业经济问题, 2012 (5): 29-33.

[146] 张华星. 中国共产党土地政策演变研究. 南方论刊, 2011 (2): 55-57.

[147] 张汉强, 余从田, 雷艳芳. 中国都市生态高效农业发展实践与建议——基于光明食品集团现代农业的转型发展. 中国农学通报, 2014 (23): 75-81.

[148] 张红宇. 关于深化农村改革的四个问题. 农业经济问题, 2016 (7): 4-11.

[149] 张红宇. 论当前农地制度创新. 经济与管理研究, 2005 (8): 6-10.

[150] 张忠明, 钱文荣. 农户土地经营规模与粮食生产效率关系实证研究. 中国土地科学, 2010, 24 (8): 52-58.

[151] Adamopoulos T., Restuccia D. The size distribution of farms and international productivity differences. Working Papers, 2014, 104 (6): 1667-1697 (31).

[152] Alexander Woestenburg, Erwin van der Krabben, Tejo Spit. Institutions in rural land transactions: Evidence from the Netherlands. Journal of European Real Estate Research, 2014, 7 (2): 216-238.

[153] Bagi F. S. , Huang C. J. Estimating production technical efficiency for individual farms in Tennessee. Canadian Journal of Agricultural Economics, 1983, 31 (2): 249 - 256.

[154] Bagi F. S. Relationship between farm size and technical efficiency in West Tennessee agriculture. Journal of Agricultural & Applied Economics, 1982, 14 (2): 139 - 144.

[155] Byiringiro F. , Reardon T. Farm productivity in Rwanda: Effects of farm size, erosion, and soil conservation investments. Agricultural Economics, 1996, 15 (2): 127 - 136.

[156] Binswanger, H. & Deininger, K. & Feder, G. Power, Distortions, Revolt and reform in agricultural land relations in Behrman, J. and Sriniwasan, T. N. . Handbook of Development Economics, 1995 (4): 33 - 38.

[157] Carter M. R. , Wiebe K. D. Access to Capital and Its Impact on Agrarian Structure and Productivity in Kenya. American Journal of Agricultural Economics, 1990, 72 (5): 1146 - 1150.

[158] Carter M. R. Identification of the inverse relationship between farm size and productivity: An empirical analysis of peasant agricultural production. Oxford Economic Papers, 1984, 36 (1): 131 - 145.

[159] Chen Z. , Huffman W. E. , Rozelle S. Farm technology and technical efficiency: Evidence from four regions in China. China Economic Review, 2006, 20 (2): 153 - 161.

[160] Dijk T. V. Scenarios of central European land fragmentation. Land Use Policy, 2003, 20 (2): 149 - 158.

[161] Douglas C. Macmillan. An economic case for land reform . Land Use Policy, 2000 (17): 49 - 57.

[162] Feder G. , Lau L. J. , Lin J. Y. , et al. The Determinants of farm investment and residential construction in post - reform China. Economic Development & Cultural Change, 1992, 41 (1): 1 - 26.

[163] Fleisher B. M. , Liu Y. H. Economies of scale, plot size, human capital and productivity in Chinese agriculture. Quarterly Review of Economics and Finance, 1992, 32 (3): 112 - 123.

[164] Guang H. Wan, Enjiang Cheng. Effects of land fragmentation and returns to

scale in the Chinese farming sector. Applied Economics, 2001, 33 (2): 183 - 194.

[165] Haji J. Production Efficiency of smallholders' vegetable - dominated mixed farming system in Eastern Ethiopia: A non - parametric approach. Social Science Electronic Publishing, 2007, 16 (1): 1 - 27.

[166] Helfand S. M., Levine E. S. Farm size and the determinants of productive efficiency in the Brazilian Center - West. Agricultural Economics, 2004, 31 (2 - 3): 241 - 249.

[167] Jha R., Nagarajan H. K., Prasanna S. Land fragmentation and its implications for productivity: Evidence from Southern India. Asarc Working Papers, 2005.

[168] Johan Van Zyl, Andrew N. Parker, Bill R. Miller. The myth of large farm superiority: Lessons from agricultural transition in poland. Journal of Policy Reform, 2000, 3 (4): 353 - 372.

[169] Johnson D. G. Does China have a grain problem? . China Economic Review, 1994, 5 (1): 1 - 14.

[170] Kalirajan K. P., Huang Y. An alternative method of measuring economic efficiency: The case of grain production in China. China Economic Review, 1996, 7 (2): 193 - 203.

[171] Khalil K., Gholamhossein A. Factors affecting agricultural land fragmentation in Iran: A case study of Ramjerd Sub District in Fars province. American Journal of Agricultural and Biological Science, 2008, 3 (1): 358 - 363.

[172] Lin J. Y. Rural reforms and agricultural growth in china. American Economic Review, 1992, 82 (1): 34 - 51.

[173] Manjunatha A. V., Anik A. R., Speelman S., et al. Impact of land fragmentation, farm size, land ownership and crop diversity on profit and efficiency of irrigated farms in India. Land Use Policy, 2013, 31 (31): 397 - 405.

[174] Nguyen T., Cheng E. J., Findlay C. Land fragmentation and farm productivity in China in the 1990s. China Economic Review, 1996, 7 (2): 169 - 180.

[175] Niroula G. S., Thapa G. B. Impacts and causes of land fragmentation, and lessons learned from land consolidation in South Asia. Land Use Policy, 2005, 22 (4): 358 - 372.

[176] Rahman S., Rahman M. Impact of land fragmentation and resource ownership on productivity and efficiency: The case of rice producers in Bangladesh. Land

Use Policy, 2009, 26 (1): 95 - 103.

[177] Sadoulet E., A. de Janvry. Quantitative development policy analysis. Baltimore: The Johns Hopkins University Press. 1995.

[178] Sikor T., Müller D., Stahl J. Land Fragmentation and cropland abandonment in Albania: Implications for the roles of state and community in post - socialist land consolidation. World Development, 2009, 37 (8): 1411 - 1423.

[179] Tan S., Heerink N., Kruseman G., et al. Do fragmented landholdings have higher production costs? Evidence from rice farmers in Northeastern Jiangxi province, P. R. China. China Economic Review, 2008, 19 (3): 347 - 358.

[180] Tan S., Heerink N., Kuyvenhoven A., et al. Impact of land fragmentation on rice producers' technical efficiency in South - East China. . Scientia Agricultura Sinica, 2010, 57 (2): 117 - 123.

[181] Tan S., Heerink N., Qu F. Land fragmentation and its driving forces in China. Land Use Policy, 2006, 23 (3): 272 - 285.

[182] Tchale. The efficiency of small holder agriculture in Malawi. African Journal of Agricultural and Resource Economics, 2009, 17 (3): 101 - 121.

[183] Tesfaye T. and Adugna L. Factors affecting entry intensity in informal rental land markets in the southern Ethiopian. Agricultural Economics, 2004, 9 (30): 117 - 128.

[184] Townsend R. F., Kirsten J., Vink N. Farm size, productivity and returns to scale in agriculture revisited a case study of wine producers in South Africa. 1998, 19 (1 - 2): 175 - 180.

[185] Wu Z. P., Liu M. Q., Davis J. Land consolidation and productivity in Chinese household crop production. China Economic Review, 2005, 16 (1): 28 - 49.

[186] Yang D. T. Knowledge spillovers and labor assignments of the farm household. 1994.

[187] Zhang L. X., Huang J. K., Rozelle S., et al. Land policy and land use in China. 1997.

后　记

高效农业的发展必须以适度规模为基础，在农地家庭承包产权制度安排下，实现农地规模经营的可行路径是土地流转。从理论上讲，农地经营有一个适度规模问题。但在实际中，什么样的规模才是适度规模？还记得，几年前，笔者在与省农业农村厅常务副厅长胡继承就农业经营有关问题进行交流时，他说道：作为一个农民学者，应对贵州农地规模经营进行研究，我们作为实际工作者，就不清楚在贵州这个条件之下，多大的规模才是适度规模。一直没有人研究清楚。在2015年省软科学课题指南中，有一个关于山地高效农业的研究课题。我当时想，能不能借申报、研究贵州山地高效农业的机会对有关问题进行一些分析。基于此，我没有申报省软科学的原题，而是在将申报课题名称定为"农地流转与贵州山地高效农业发展研究"，这样既可以进行自己感兴趣的研究，又能够满足省软科学的研究要求。比较幸运的是项目申请顺利获得立项（黔科合R字〔2015〕2011－1号）。在获知项目批准之后，我们立即对课题设计进行细化，并对研究进行了分工，拟订调研方案，项目研究于2017年以研究报告的形式顺利结项。在课题研究结束后，我认为有必要对有关问题进行深入研究，于是，在全国文化名家暨"四个一批人才"项目、贵州省社科基金、贵州大学创新团队等项目的联合资助下，我们就农地流转、农地规模经营与山地高效农业发展进行调查研究。我的研究生杜瑞、孟令浩、赵培炎、林梦婷、华洁参加调查方案拟订、具体调查及分析研究。这一成果实际是一项集体研究的成果，在研究过程，以上研究生不仅集体讨论，而且撰写了部分章节的初稿。本专著构建了一个农地流转、规模经营与高效农业之间的研究框架，并运用贵州的调查资料进行了实证研究，针对存在的问题，提高了相应的对策建议。本研究的完成得到贵州省软科学基金、贵州省社科基金、贵州大学文科创新团队等基金的资助。研究过程中，贵州大学中国西部发展能力研究中心和贵州大学中国农村土地制度研究中心为我们的研究提供了良好的条件。研究成果初稿形成之后，笔者对研究成果统一进行了修改和审定。本书能够得到顺利出版，中国财政经济出版社编辑人员付出了大量心血。在此一并致谢！按照惯例，书中的缺点和错误由本人负责，与大家无关。

洪名勇

2019 年 12 月于花溪